Tania von Minding

Alternative Diktatformen

Band 2: Rechtschreibarbeit und kommentiertes Diktat

1./2. Klasse

Die Autorin

Tania von Minding studierte Grundschulpädagogik und Deutsch und ist seit mehreren Jahren als Grundschullehrerin und Mentorin in Koblenz tätig. Nach der Arbeit als Austauschlehrerin in Frankreich und einem Fernstudium *Deutsch als Fremdsprache* beim Goetheinstitut absolvierte sie eine Ausbildung zum NLP-Practitioner (Neurolinguistisches Programmieren) und ist als Mitarbeitern im Pädagogischen Landesinstitut sowie in der Lehrerfortbildung tätig. Ihre Arbeitsschwerpunkte sind unter anderem Kommunikationstraining und Streitschlichtungskonzepte für den Grundschulbereich.
Die Autorin wünscht sich einen veränderten Rechtschreibunterricht, der sich integrativ vollzieht und den Kindern neben der Vermittlung verschiedener Arbeitstechniken genügend Zeit und Raum zum Entdecken und zum kreativen Umgang mit Sprache lässt.

Gedruckt auf umweltbewusst gefertigtem, chlorfrei gebleichtem und alterungsbeständigem Papier.

Nach den seit 2006 amtlich gültigen Regelungen der Rechtschreibung.

1. Auflage 2011
© Persen Verlag
AAP Lehrerfachverlage GmbH, Buxtehude

Das Werk als Ganzes sowie in seinen Teilen unterliegt dem deutschen Urheberrecht. Der Erwerber des Werkes ist berechtigt, das Werk als Ganzes oder in seinen Teilen für den eigenen Gebrauch und den Einsatz im eigenen Unterricht zu nutzen. Downloads und Kopien dieser Seiten sind nur für den genannten Zweck gestattet, nicht jedoch für einen weiteren kommerziellen Gebrauch, für die Weiterleitung an Dritte oder für die Veröffentlichung im Internet oder in Intranets. Die Vervielfältigung, Bearbeitung, Verbreitung und jede Art der Verwertung außerhalb der Grenzen des Urheberrechtes bedürfen der vorherigen schriftlichen Zustimmung des Verlages.

Illustrationen: Barbara Gerth
Satz: Satzpunkt Ursula Ewert GmbH

ISBN 978-3-8344-**3284**-1

www.persen.de

Inhalt

Vorwort 4

1 Die Rechtschreibarbeit

Übersicht 5
Einführung in die Rechtschreibarbeit 6
Rechtschreibarbeiten 8
Beobachtungsbogen zur Bewertung der Rechtschreibarbeit 41
Vorschläge zur Bewertung der Leistungskontrolle 42
Alternatives Bewertungsschema zur Rechtschreibarbeit 43
Schülerselbstreflexion 44

2 Das kommentierte Diktat

Übersicht 45
Einführung in das kommentierte Diktat 46
Rechtschreibstrategien verbalisieren 49
Strategiekarten 50
Regeln 54
Fehlerauswertung/Fehleranalyse 55
Merkkarte 57
Fehlersätze 58
Kommentierte Diktate 61
Tabelle 88
Beobachtungsbogen zur Bewertung des kommentierten Diktates 89
Vorschläge der Punkteverteilung und Bewertung 90
Bewertung des kommentierten Diktates nach Kompetenzbereichen 91
Alternatives Bewertungsschema zum kommentierten Diktat 92
Schülerselbstreflexion 93

3 Zusatzmaterial

Das Rechtschreibhaus 94
Der Verbenbaum 96
Rechtschreibdetektive sind den Wörtern auf der Spur 98
Plan zum Üben der Lernwörter 100
So verbessere ich meine Rechtschreibfehler 102
Das Raketenspiel – der Wortcheck 104

Lösungen 107

Vorwort

Liebe Kolleginnen und Kollegen,

nachdem die ersten beiden Bände der Alternativen Diktatformen bereits guten Anklang fanden, wird deutlich, wie groß die Suche und die Nachfrage nach echten Alternativen zum klassischen Diktat sind.

Immer kritischer merken Lehrkräfte an, dass sich durch das klassische Diktat nur ein Teil der zu erwerbenden Kompetenzen laut der Bildungsstandards abprüfen lässt. Fast ausschließlich handelt es sich dabei um Kompetenzen, die sich schwerpunktmäßig auf die auditive Wahrnehmung, die Konzentration und das Sinnverständnis beziehen.

Es ist ein einseitiges Rechtschreibtraining, was nicht allen Kindern gerecht wird. Meist wird dabei ein gutes Wortbildgedächtnis abgerufen, während die erworbenen Arbeitstechniken und Rechtschreibstrategien weniger Gewicht erhalten.

Mit diesem Band möchte ich Ihnen deshalb Anregungen geben, Ihren Rechtschreibunterricht bereits frühzeitig im ersten und zweiten Schuljahr zu öffnen und neben den klassischen Diktaten alternative Diktatformen mit einfließen zu lassen.

Der vorliegende 2. Band baut auf den Arbeitstechniken des 1. Bandes auf und führt sie immer differenzierter fort.

Nun geht es schwerpunktmäßig um ein erstes Erforschen von Rechtschreibung, das Erkennen von Wortarten und Wortstrukturen, das vertiefende Anwenden der bereits bekannten Arbeitstechniken aus Band 1 und ein erstes bewusstes Nachdenken und Anwenden von Rechtschreibstrategien.

Die vorgestellten Diktatformen bauen spiralförmig aufeinander auf und sind integrativ angelegt. Die Vernetzung der einzelnen Aufgabenbereiche richtet sich nach den aktuellen Bildungsstandards Deutsch für die Primarstufe.

Schwerpunktmäßig ist der 2. Band für Kinder des 2. Schuljahres geeignet, kann aber auch zur inneren Differenzierung für leistungsstarke Erstklässler verwendet werden. Sollten Sie eine jahrgangsübergreifende Klasse unterrichten, werden Sie hilfreiche Anregungen für Ihren Unterricht finden, da viele Texte thematisch verbunden sind.

Alle Übungen in diesem Band sind bereits vorbereitende Übungen auf die Texte und Arbeitstechniken in Band 1 und 2 für das 3./4. Schuljahr. Arbeiten Sie mit diesen kontinuierlich im 1. und 2. Schuljahr, können Sie im 3. und 4. Schuljahr problemlos mit den darauf aufbauenden und differenzierteren Übungsformen der Folgebände fortfahren.

Sie können das Material jederzeit unabhängig von Ihrem Deutschlehrwerk zu Übungszwecken oder auch zu Lernzielkontrollen heranziehen. Aus diesem Grund fiel meine Auswahl schwerpunktmäßig auf jahreszeitliche Kurzgeschichten und informierende interessante Sachtexte, die untereinander teilweise thematische Querverbindungen aufweisen.

Viele Texte enthalten in sich die Motivation zum Fabulieren, Weiterschreiben oder Informieren über ein bestimmtes Sachgebiet und sollten deswegen nicht ausschließlich zu Rechtschreibübungen genutzt werden.

Nutzen Sie dies als Chance der inneren Differenzierung und der sinnvollen Verzahnung der einzelnen Deutschbereiche, um Rechtschreibunterricht stets integrativ zu vollziehen und damit Nachhaltigkeit bei den Schülern zu bewirken.

Das Material lässt sich in Form des offenen Unterrichts oder auch des traditionellen Unterrichts einsetzen. Da alle Übungsformen ähnlich aufgebaut sind, werden die Kinder nach einer kurzen Einführung recht selbstständig damit umgehen können.

Zur inneren Differenzierung liegt jede Übung in drei verschiedenen Anforderungsniveaus vor. Die Kennzeichnung der Niveaustufen finden Sie jeweils in der Klammer hinter der Textüberschrift.

Ein moderner Rechtschreibunterricht sollte neben den vermittelten Arbeitstechniken und Rechtschreibstrategien auch Zeit für kindgemäße Selbstreflexionen lassen. Dazu enthalten die ersten beiden Kapitel jeweils ein sogenanntes Rechtschreibportfolio.

Im dritten Kapitel finden Sie weiteres anschauliches Übungs- und Arbeitsmaterial, welches Sie dabei unterstützen soll, den Kindern die Rechtschreibstrukturen näherzubringen.

Nun wünsche ich Ihnen viele interessante Erfahrungen beim Einsatz alternativer Diktatformen.

Ich danke an dieser Stelle herzlich für das mir entgegengebrachte durchweg positive Feedback und nehme auch weiterhin Anregungen und Verbesserungswünsche dankbar entgegen.

1 Die Rechtschreibarbeit

Übersicht

Rechtschreibarbeiten	Seite	Stufe	Jahreszeit
Die Maus	8	1	
Der Schneehase	11	1	W
Biber	14	1	
Igel	17	1	
Bären	20	2	
Die Stubenfliege	23	2	F/S
Sommersprossen	26	2	F/S
Die Feldmaus	31	2	
Menschen ohne festen Wohnsitz	35	2	
Sankt Martin	38	2	W

Übersicht

Einführung in die Rechtschreibarbeit

In diesem Kapitel geht es um die Verbindung von sinnerfassendem Lesen, dem richtigen Ab- und Aufschreiben und das Entdecken von grammatikalischen und rechtschriftlichen Strukturen in der Sprache.

Spiralförmig aufeinander aufbauend verbinden sich hier integrativ die Methoden aus dem Buch Alternative Diktatformen, Band 1. Gleichzeitig beinhaltet dieses Kapitel eine Vorbereitung auf die im nächsten Kapitel geforderten Rechtschreibstrategien.

Die Rechtschreibarbeiten liegen jeweils in drei Differenzierungsstufen vor und beginnen mit Fragen zum Textverständnis. Die anschließenden Übungen stehen immer im Textzusammenhang und enthalten in sich ähnlich aufgebaute Aufgabenstrukturen: die Untersuchung von Wortarten, das Erkennen von Wortstrukturen usw.

Einige Texte lassen sich jahreszeitlich einordnen und sind dementsprechend gekennzeichnet.

Alle Texte in diesem Kapitel können Sie außerdem zur Abschrift verwenden und sie mit Texten aus dem 2. Kapitel bzw. der anderen Bände kombinieren, sodass weitere Differenzierungsmöglichkeiten bestehen.

Zur Einführung in diese Arbeitsweise eignet sich das Arbeitsblatt „Wort des Tages" (s. S. 99).

Nach der Einführung in die Rechtschreibarbeit können die Schülerinnen und Schüler selbstständig in Form eines Wochenplans mit den Texten arbeiten. Im Anhang finden Sie zu allen Übungen die Lösungsblätter.

Die Texte lassen sich auch jederzeit als Leistungsnachweis im Klassenverband oder zur individuellen Lernzielkontrolle heranziehen. Vorschläge zur Bewertung finden Sie auf Seite 42.

Darüber hinaus können Sie weitere rechtschriftliche Übungen zum Wortmaterial der Texte in den Unterricht integrieren, z.B. „Wort des Tages" (s. S. 99) oder Übungen mit dem Lernwörterplan (s. S. 100–101).

Die Schülerselbstreflexion in Form eines Rechtschreibportfolios sollten Sie ein- bis zweimal im Halbjahr durchführen und sie anschließend mit den Schülerinnen und Schülern besprechen.

Einführung in die Rechtschreibarbeit

Bezug zu den Bildungsstandards im Fach Deutsch für den Primarbereich vom 15.10.2004

Die Rechtschreibarbeit

Verbindung von sinnerfassendem Lesen, richtigem Schreiben, rechtschriftlichen und grammatikalischen Übungen

Kompetenzbereiche	Kompetenzen
Lesen	+ über Lesefähigkeiten verfügen + altersgemäße Texte sinnverstehend lesen + Texte erschließen, gezielt einzelne Informationen suchen + Texte genau lesen + Aussagen mit Textstellen belegen
Schreiben – Richtig Schreiben	+ über Schreibfertigkeiten verfügen + eine gut lesbare Handschrift flüssig schreiben + Arbeitstechniken nutzen: methodisch sinnvoll abschreiben + Texte auf orthografische Richtigkeit überprüfen und korrigieren + Rechtschreibhilfen (Wörterbuch) verwenden
Sprache- und Sprachgebrauch untersuchen	+ an Wörtern, Sätzen, Texten arbeiten: Wörter strukturieren und Möglichkeiten der Wortbildung kennen, Wörter sammeln und ordnen + grundlegende sprachliche Strukturen und Begriffe kennen und verwenden + mit Sprache experimentell und spielerisch umgehen + Nutzung von grammatikalischen Kenntnissen für die Rechtschreibung

Die Maus (1)

Es gibt **vie**le **Mäu**se.
Bei uns lebt die **klei**ne **Feld**maus.
Sie lebt auf **Fel**dern **o**der im **Gar**ten.
Sie frisst **Kör**ner und **Früch**te.

(24 Wörter)

1. Lies den Text.

2. Unterstreiche die Antwortsätze.
    a) Welche Maus lebt bei uns? Unterstreiche grün.
    b) Was frisst die Maus? Unterstreiche rot.

3. Schreibe die Sätze richtig ab.

4. Fülle die Tabelle aus:

Einzahl	**Mehr**zahl
eine	**vie**le **Mäu**se
ein Korn	**vie**le
eine Frucht	**vie**le

Zusatzaufgaben
* Erkläre: Was ist eine Feldmaus?
* Male eine Maus.

Die Maus (2)

Es gibt **vie**le **Mäu**se.
Bei uns lebt die **klei**ne **Feld**maus.
Sie lebt auf **Fel**dern **o**der im **Gar**ten.
Sie frisst **Kör**ner und **Früch**te.
Die **Fein**de sind **Füch**se,
Raubvögel und **Men**schen.

(31 Wörter)

1. Lies den Text.

2. Unterstreiche die Antwortsätze.
    a) Welche Maus lebt bei uns? Unterstreiche grün.
    b) Was frisst die Maus? Unterstreiche rot.
    c) Wo lebt die Maus? Unterstreiche braun.

3. Schreibe die Sätze richtig ab.

4. Fülle die Tabelle aus:

Einzahl	**Mehr**zahl
eine	**vie**le **Mäu**se
ein Korn	**vie**le
eine Frucht	**vie**le
ein **Gar**ten	**vie**le
ein Feind	**vie**le

Zusatzaufgaben
* Erkläre: Was ist eine Feldmaus?
* Male eine Maus.

Die Maus (3)

Es gibt **vie**le **Mäu**se.
Bei uns lebt die **klei**ne **Feld**maus.
Sie lebt auf **Fel**dern **o**der im **Gar**ten.
Sie frisst **Kör**ner und **Früch**te.
Die **Fein**de sind **Füch**se,
Raubvögel und **Men**schen.

(31 Wörter)

1. Lies den Text.
2. **Unterstreiche die Antwortsätze.**
   a) Welche Maus lebt bei uns? Unterstreiche grün.
   b) Was frisst die Maus? Unterstreiche rot.
   c) Wo lebt die Maus? Unterstreiche braun.
   d) Welche Feinde hat die Maus? Unterstreiche schwarz.
3. **Schreibe die Sätze richtig ab.**
4. **Fülle die Tabelle aus:**

Einzahl	**Mehr**zahl
eine	**vie**le **Mäu**se
ein Korn	**vie**le
eine Frucht	**vie**le
ein **Gar**ten	**vie**le
ein Feind	**vie**le
ein	**vie**le **Füch**se
ein Mensch	**vie**le

5. **Erkläre die Mausnamen:**
   Was ist eine **Feld**maus?
   Was ist eine **Spring**maus?
   Was ist eine **Renn**maus?

Zusatzaufgabe
* Male eine Maus.

Der Schneehase (1)

Der **Ha**se heißt **Schnee**ha**se**.
Im **Som**mer hat er ein **brau**nes Fell.
Im **Win**ter liegt viel Schnee und Eis.
Das Fell ist im **Win**ter weiß.
Der **Ha**se ist gut **ge**tarnt.

(31 Wörter)

1. **Lies den Text.**

2. **Unterstreiche die Antwortsätze.**
   a) Wie heißt der Hase? Unterstreiche rot.
   b) Welche Farbe hat sein Fell im Winter? Unterstreiche blau.

3. **Schreibe die Sätze richtig ab.**

4. **Finde Reimwörter.**

Hase	Schnee	Fell	siegt
N	F	h	w

5. **Trage die Wörter ein:** *Hase, Sommer, Winter, Fell, Schnee, Eis, Feinde.*

der	die	das

Zusatzaufgabe
* Male einen Hasen.

Der Schneehase (2)

Der **Ha**se heißt **Schnee**ha**se**.
Im **Som**mer hat er ein **brau**nes Fell.
Im **Win**ter liegt viel Schnee und Eis.
Das Fell ist im **Win**ter weiß.
Die **Fein**de **se**hen den **Ha**sen nicht im Schnee.
Der **Ha**se ist gut **ge**tarnt.

(39 Wörter)

1. Lies den Text.
2. Unterstreiche die Antwortsätze.
   a) Wie heißt der Hase? Unterstreiche rot.
   b) Welche Farbe hat sein Fell im Winter? Unterstreiche blau.
   c) Welche Farbe hat sein Fell im Sommer? Unterstreiche gelb.
3. Schreibe die Sätze richtig ab.
4. Finde Reimwörter.

Hase	Schnee	Fell	siegt
N	F	h	w
V	Kl	schn	fl

5. Trage die Wörter ein: *Hase, Sommer, Winter, Fell, Schnee, Feinde, Hasen, Eis.*

der	die	das

6. Fülle die Tabelle aus.

Grundform	Ich-Form	Du-Form	Er-Form
liegen	ich	du	er
sehen	ich	du	er

Zusatzaufgabe
* Male einen Hasen.

Der Schneehase (3)

Der **Ha**se heißt **Schnee**ha**se**.
Im **Som**mer hat er ein **brau**nes Fell.
Im **Win**ter liegt viel Schnee und Eis.
Das Fell ist im **Win**ter weiß.
Die **Fein**de **se**hen den **Ha**sen nicht im Schnee.
Der **Ha**se ist gut **ge**tarnt.

(39 Wörter)

1. Lies den Text.
2. Unterstreiche die Antwortsätze.
   a) Wie heißt der Hase? Unterstreiche rot.
   b) Welche Farbe hat sein Fell im Winter? Unterstreiche blau.
   c) Welche Farbe hat sein Fell im Sommer? Unterstreiche gelb.
   d) Warum sehen die Feinde den Hasen nicht? Unterstreiche grün.
3. Schreibe die Sätze richtig ab.
4. Finde Reimwörter.

Hase	Schnee	Fell	siegt	weiß
N	F	h	w	h
V	Kl	schn	fl	Schw

5. Fülle die Tabelle mit Namenwörtern aus dem Text aus.

der	die	das

6. Fülle die Tabelle aus.

Grundform	Ich-Form	Du-Form	Er-Form
liegen	ich	du	er
sehen	ich	du	er
haben	ich	du	er

Zusatzaufgabe
* Male einen Hasen.

Biber (1)

Biber **le**ben am **Was**ser.
Sie **schwim**men im **Was**ser.
Biber **ha**ben ein **war**mes Fell.
Das Fell ist braun.
Im **Was**ser **bau**en sie **ei**nen Damm.
Biber **fres**sen **Rin**de.
Darum **na**gen **Bi**ber am Baum.

(32 Wörter)

1. Lies den Text.

2. Unterstreiche die Antwortsätze.
   a) Wo leben Biber? Unterstreiche braun.
   b) Welche Farbe hat das Fell? Unterstreiche grün.
   c) Was fressen Biber? Unterstreiche rot.

3. Schreibe die Sätze richtig ab.

4. Suche Reimwörter.

Fell	Damm	fressen
h	K	m

5. Fülle die Tabelle aus.

Grundform	Ich-Form	Du-Form	Er-Form
leben	ich	du	er
bauen	ich	du	er

Zusatzaufgabe
* Male einen Biber.

Biber (2)

Biber sind **Was**ser**tie**re.
Sie **le**ben am **Was**ser.
Und sie **schwim**men im **Was**ser.
Biber **ha**ben ein **war**mes Fell.
Das Fell ist braun.
Im **Was**ser **bau**en sie **ei**nen Damm.
Biber **fres**sen **Rin**de.
Darum **na**gen **Bi**ber am Baum.

(36 Wörter)

1. Lies den Text.

2. Unterstreiche die Antwortsätze.
   a) Wo leben Biber? Unterstreiche braun.
   b) Welche Farbe hat das Fell? Unterstreiche grün.
   c) Was fressen Biber? Unterstreiche rot.
   d) Wo bauen Biber einen Damm? Unterstreiche blau.

3. Schreibe die Sätze richtig ab.

4. Suche Reimwörter.

Fell	Damm	fressen	Wasser	schwimmen
h	K	m	n	tr

5. Fülle die Tabelle aus.

Grundform	Ich-Form	Du-Form	Er-Form
leben	ich	du	er
bauen	ich	du	er
schwimmen	ich	du	er
nagen	ich	du	er

Zusatzaufgaben

* Finde das zusammengesetzte Namenwort:

   Ein Tier im Wasser ist ein _____

* Male einen Biber.

Biber (3)

Biber sind **Was**ser**tie**re.
Sie **le**ben am **Was**ser.
Sie **schwim**men im **Was**ser.
Biber **ha**ben ein **war**mes Fell.
Das Fell ist braun.
Im **Was**ser **bau**en sie **ei**nen Damm.
Biber **fres**sen **Rin**de.
Darum **na**gen **Bi**ber am Baum.
Sie **fres**sen **Baum**rin**de**.

(38 Wörter)

1. Lies den Text.
2. **Unterstreiche die Antwortsätze.**
   a) Wo leben Biber? Unterstreiche braun.
   b) Welche Farbe hat das Fell? Unterstreiche grün.
   c) Was fressen Biber? Unterstreiche rot.
   d) Wo bauen Biber einen Damm? Unterstreiche blau.
   e) Wie bewegen sich Biber im Wasser? Unterstreiche gelb.
3. **Schreibe die Sätze richtig ab.**
4. **Suche Reimwörter.**

Fell	Damm	fressen	Wasser	schwimmen
h	K	pr	n	tr
schn	St	m	kr	erkl

5. **Fülle die Tabelle aus.**

Grundform	Ich-Form	Du-Form	Er-Form
leben	ich	du	er
bauen	ich	du	er
schwimmen	ich	du	er
nagen	ich	du	er
fressen	ich	du	er

Zusatzaufgaben

* Finde das zusammengesetzte Namenwort:

   Ein Tier im Wasser ist ein _____

   Die Rinde eines Baumes ist die _____

* Male einen Biber.

Igel (1)

Am Tag **schla**fen die **I**gel.
In der Nacht **fres**sen sie.
Sie **fres**sen **In**sek**ten, Schne**cken und **Wür**mer.
Igel **ha**ben **Fein**de.
Die **Fein**de sind **Eu**len und **Au**tos.
Dann **rol**len sich die **I**gel ein.

(34 Wörter)

1. Lies den Text.
2. Unterstreiche die Antwortsätze.
   a) Was machen die Igel am Tag? Unterstreiche gelb.
   b) Wann fressen die Igel? Unterstreiche lila.
   c) Was fressen die Igel? Unterstreiche grün.
3. Schreibe die Sätze richtig ab.
4. Fülle die Tabelle aus:

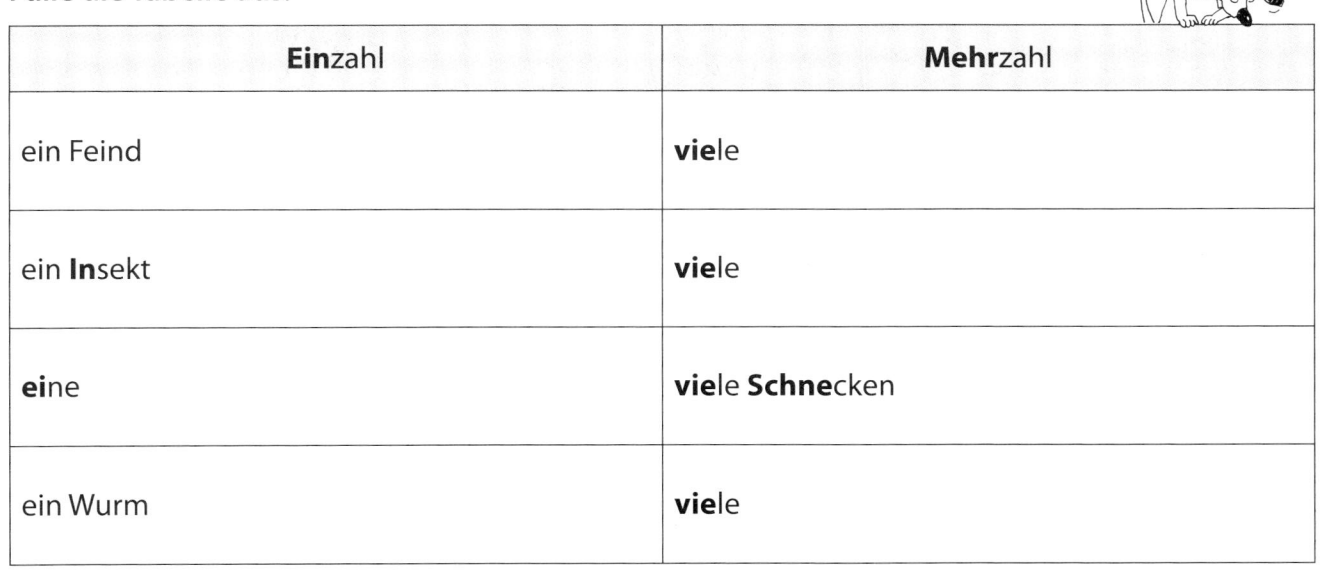

Einzahl	**Mehr**zahl
ein Feind	**vie**le
ein **In**sekt	**vie**le
eine	**vie**le **Schne**cken
ein Wurm	**vie**le

Zusatzaufgabe
* Male einen Igel.

Igel (2)

Am Tag **schla**fen die **I**gel.
In der Nacht **fres**sen sie.
Sie **fres**sen **In**sek**ten, Schne**cken und **Wür**mer.
Igel **ha**ben **Fein**de.
Die **Fein**de sind **Eu**len, **Mar**der und **Au**tos.
Dann **rol**len sich die **I**gel ein.
Im **Win**ter **hal**ten **I**gel **Win**ter**schlaf**.
Sie **schla**fen **un**ter Laub.

(43 Wörter)

1. **Lies den Text.**
2. **Unterstreiche die Antwortsätze.**
   a) Was machen die Igel am Tag? Unterstreiche gelb.
   b) Wann fressen die Igel? Unterstreiche lila.
   c) Was fressen die Igel? Unterstreiche grün.
   d) Welche Feinde hat der Igel? Unterstreiche schwarz.
   e) Was machen Igel im Winter? Unterstreiche blau.
3. **Schreibe die Sätze richtig ab.**
4. **Fülle die Tabelle aus:**

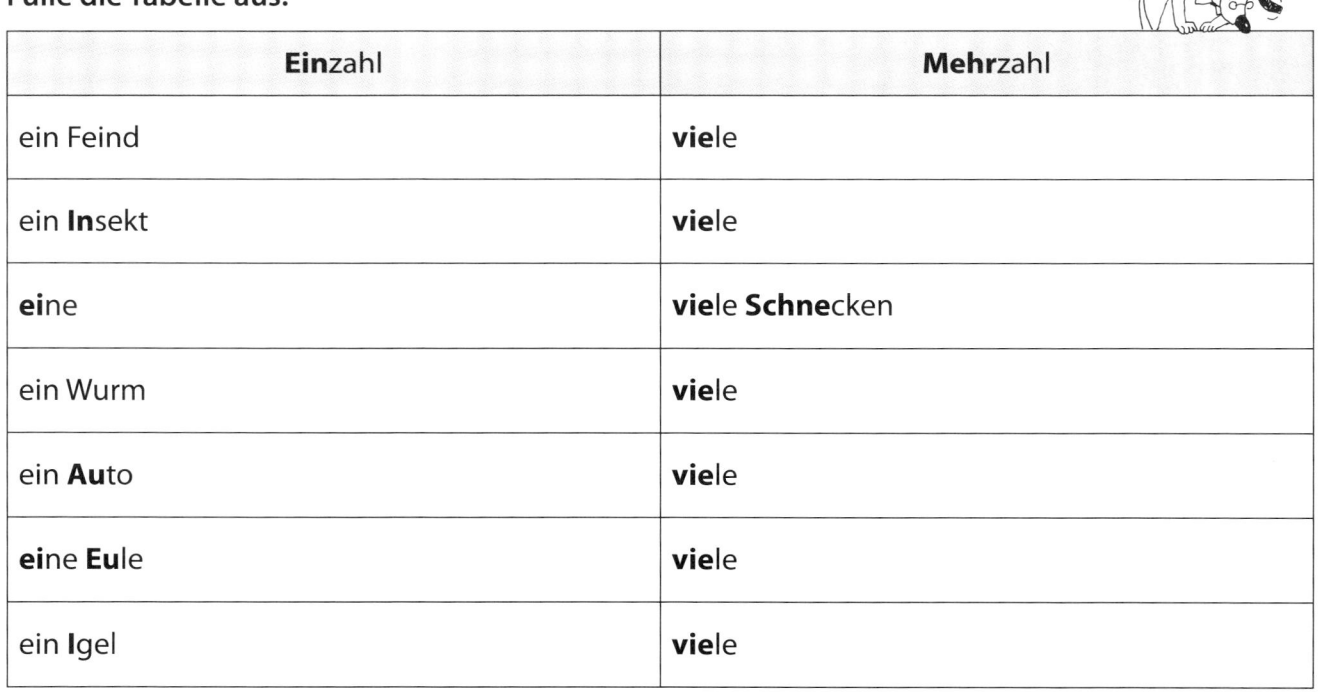

Ein**zahl**	Mehr**zahl**
ein Feind	**vie**le
ein **In**sekt	**vie**le
eine	**vie**le **Schne**cken
ein Wurm	**vie**le
ein **Au**to	**vie**le
eine **Eu**le	**vie**le
ein **I**gel	**vie**le

Zusatzaufgaben
* Erkläre: Was bedeutet **Winter**schlaf?
* Male einen Igel.

Igel (3)

Am Tag **schla**fen die **I**gel.
In der Nacht **fres**sen sie.
Sie **fres**sen **In**sek**ten**, **Schne**cken und **Wür**mer.
Igel **ha**ben **Fein**de.
Die **Fein**de sind **Eu**len, **Mar**der und **Au**tos.
Dann **rol**len sich die **I**gel ein.
Im **Win**ter **hal**ten **I**gel **Win**ter**schlaf**.
Sie **schla**fen **un**ter Laub.

(43 Wörter)

1. **Lies den Text.**
2. **Unterstreiche die Antwortsätze.**
   a) Was machen die Igel am Tag? Unterstreiche gelb.
   b) Wann fressen die Igel? Unterstreiche lila.
   c) Was fressen die Igel? Unterstreiche grün.
   d) Welche Feinde hat der Igel? Unterstreiche schwarz.
   e) Was machen Igel im Winter? Unterstreiche blau.
   f) Was machen die Igel bei Gefahr? Unterstreiche rot.
3. **Schreibe die Sätze richtig ab.**
4. **Trage die Wörter richtig ein und fülle die Tabelle aus:**
   Feind, Insekt, Schnecken, Wurm, Auto, Eule, Igel.

Einzahl	**Mehr**zahl
ein	**vie**le
ein	**vie**le
eine	**vie**le
ein	**vie**le
ein	**vie**le
eine	**vie**le
ein	**vie**le

Zusatzaufgaben
* Erkläre: Was bedeutet **Winter**schlaf?
* Male einen Igel.

Bären

Bären (1)

Es ist noch gar nicht so lange her, da haben auch in unseren Wäldern noch Bären und Wölfe gelebt. Am bekanntesten sind die Braunbären. Ein Braunbär kann bis zu drei Meter groß werden. Dann ist er größer als ein Mensch und läuft mindestens so schnell wie ein Mensch. Braunbären sind geschickte Kletterer.

(53 Wörter)

> Hinweissätze sind die Sätze, die dir eine mögliche Antwort auf die Frage geben!

1. Lies den Text genau.
2. Lies die Fragen genau und unterstreiche den Hinweissatz im Text.
   a) Wie heißen die bekanntesten Bären? Unterstreiche rot.
   b) Was können Bären gut? Unterstreiche grün.
   c) Wie groß kann ein Bär werden? Unterstreiche gelb.
3. Schreibe die Hinweissätze aus dem Text richtig in dein Heft ab.
4. Ordne die Namenwörter (Nomen) richtig in die Tabelle ein und fülle sie aus.
   Wald, Bär, Wolf, Tier, Mensch

Einzahl mit Begleiter (Artikel)	Mehrzahl mit Begleiter (Artikel)

5. Es gibt verschiedene Bärenarten. Finde das zusammengesetzte Namenwort (Nomen).

   Ein Bär mit braunem Fell ist ein _____

   Ein Bär mit schwarzem Fell ist ein _____

   Ein Bär mit weißem Fell, der Eis und Schnee liebt, ist ein _____

Zusatzaufgaben
* Kennst du noch mehr Bärenarten?
* Informiere dich über eine Bärenart.

Bären (2)

Es ist noch gar nicht so lange her, da haben
auch in unseren Wäldern noch Bären und
Wölfe gelebt. Heute findest du bei uns die Bären im Zoo
oder in Wildparks. Am bekanntesten sind die Braunbären.
Ein Braunbär kann bis zu drei Meter groß werden. Dann ist er größer
als ein Mensch und läuft mindestens so schnell wie ein Mensch.
Braunbären sind geschickte Kletterer.

(65 Wörter)

1. Lies den Text genau.
2. Lies die Fragen genau und unterstreiche den Hinweissatz im Text.
   a) Wie heißen die bekanntesten Bären? Unterstreiche rot.
   b) Wo gibt es heute noch Bären? Unterstreiche braun.
   c) Was können Bären gut? Unterstreiche grün.
   d) Wie groß kann ein Bär werden? Unterstreiche gelb.

   Hinweissätze sind die Sätze, die dir eine mögliche Antwort auf die Frage geben!

3. Schreibe die Hinweissätze aus dem Text richtig in dein Heft ab.
4. Ordne die Namenwörter (Nomen) richtig in die Tabelle ein und fülle sie aus.
   Wald, Bär, Wolf, Tier, Mensch

Einzahl mit Begleiter (Artikel)	Mehrzahl mit Begleiter (Artikel)

5. Es gibt verschiedene Bärenarten. Finde das zusammengesetzte Namenwort (Nomen).

   Ein Bär mit braunem Fell ist ein _____

   Ein Bär mit schwarzem Fell ist ein _____

   Ein Bär mit weißem Fell, der Eis und Schnee liebt, ist ein _____

   Ein Bär mit einer großen Lippe ist ein _____

   Ein Bär, der gerne mit seinen Händen reibt,

   schrubbt (wäscht), ist ein _____

Zusatzaufgaben

* Kennst du noch mehr Bärenarten?
* Informiere dich über eine Bärenart.

Bären

Bären (3)

Es ist noch gar nicht so lange her, da haben
auch in unseren Wäldern noch Bären und
Wölfe gelebt. Heute findest du bei uns die Bären im Zoo
oder in Wildparks. Eigentlich sind Bären friedliche Tiere.
Nur wenn sie gereizt werden, greifen sie Menschen an.
Am bekanntesten sind die Braunbären. Ein Braunbär kann bis zu drei
Meter groß werden. Dann ist er größer als ein Mensch und läuft mindestens
so schnell wie ein Mensch. Braunbären sind geschickte Kletterer.

(79 Wörter)

1. **Lies den Text genau.**

2. **Lies die Fragen genau und unterstreiche den Hinweissatz im Text.**
   a) Wie heißen die bekanntesten Bären? Unterstreiche rot.
   b) Wo gibt es heute noch Bären? Unterstreiche braun.
   c) Was können Bären gut? Unterstreiche grün.
   d) Wie groß kann ein Bär werden? Unterstreiche gelb.
   e) Greifen Bären Menschen an? Unterstreiche lila.

   Hinweissätze sind die Sätze, die dir eine mögliche Antwort auf die Frage geben!

3. **Schreibe die Hinweissätze aus dem Text richtig in dein Heft ab.**

4. **Es gibt verschiedene Bärenarten. Finde das zusammengesetzte Namenwort (Nomen).**

   Ein Bär mit braunem Fell ist ein _____

   Ein Bär mit schwarzem Fell ist ein _____

   Ein Bär mit weißem Fell, der Eis und Schnee liebt, ist ein _____

   Ein Bär mit einer großen Lippe ist ein _____

   Ein Bär mit einem Kragen aus langen Haaren ist ein _____

   Ein Bär mit einer Färbung um die Augen wie eine Brille ist ein _____

   Ein Bär, der gerne mit seinen Händen reibt,

   schrubbt (wäscht), ist ein _____

Zusatzaufgaben
* Kennst du noch mehr Bärenarten?
* Informiere dich über eine Bärenart.

Die Stubenfliege (1)

Die Stubenfliege findest du überall dort, wo auch Menschen leben. Sie gehört schon fast wie ein Haustier dazu. Aber meist stört sie uns Menschen, wenn sie neugierig summend durch unsere Zimmer fliegt. In den Wohnräumen fühlt sie sich wohl. Ein anderes Wort für Raum ist Stube. Deswegen wird die Fliege auch Stubenfliege genannt.

(57 Wörter)

Hinweissätze sind die Sätze, die dir eine mögliche Antwort auf die Frage geben!

1. **Lies den Text genau.**

2. **Lies die Fragen genau und unterstreiche den Hinweissatz im Text.**
   a) Wo lebt die Stubenfliege? Unterstreiche braun.
   b) Wo fühlt sich die Fliege wohl? Unterstreiche grün.
   c) Woher hat die Stubenfliege ihren Namen? Unterstreiche rot (2 Sätze).

3. **Schreibe die Hinweissätze aus dem Text richtig in dein Heft ab.**

4. **Ordne die Namenwörter (Nomen) ein:** *Stubenfliege, Raum, Haustier, Zimmer, Wort, Wohnräume.*

1 Silbe	2 Silben	3 Silben	4 Silben

5. **Finde das zusammengesetzte Namenwort (Nomen).**

   Eine Fliege in der Stube ist eine _____

   Ein Tier im Haus ist ein _____

   Ein Zimmer zum Wohnen ist ein _____

Zusatzaufgaben

* Im Text gibt es 3 verschiedene Wörter für das Wort „Zimmer". Schreibe sie heraus. Kennst du noch mehr Begriffe für das Wort „Zimmer"?
* Überlege gut und schreibe auf: Wie könnte man die Stubenfliege auch nennen?

Die Stubenfliege (2)

Die Stubenfliege findest du überall dort, wo auch Menschen leben. Sie gehört schon fast wie ein Haustier dazu. Aber meist stört sie uns Menschen, wenn sie neugierig summend durch unsere Zimmer fliegt. In den Wohnräumen fühlt sie sich wohl. Ein anderes Wort für Raum ist Stube. Deswegen wird die Fliege auch Stubenfliege genannt. Wenn du eine Fliege genau beobachtest, dann wirst du merken, wie geschickt und beweglich sie ist. Sie kann sogar einen Salto in der Luft machen.

(80 Wörter)

Hinweissätze sind die Sätze, die dir eine mögliche Antwort auf die Frage geben!

1. Lies den Text genau.

2. Lies die Fragen genau und unterstreiche den Hinweissatz im Text.
   a) Wo lebt die Stubenfliege? Unterstreiche braun.
   b) Wo fühlt sich die Fliege wohl? Unterstreiche grün.
   c) Woher hat die Stubenfliege ihren Namen? Unterstreiche rot (2 Sätze).
   d) Was kann eine Fliege? Unterstreiche gelb.

3. Schreibe die Hinweissätze aus dem Text richtig in dein Heft ab.

4. Ordne Namenwörter (Nomen) aus dem Text in die Tabelle ein.

1 Silbe	2 Silben	3 Silben	4 Silben

5. Finde das zusammengesetzte Namenwort (Nomen).

   Eine Fliege in der Stube ist eine _____

   Ein Tier im Haus ist ein _____

   Ein Zimmer zum Wohnen ist ein _____

Zusatzaufgaben

* Im Text gibt es 3 verschiedene Wörter für das Wort „Zimmer". Schreibe sie heraus. Kennst du noch mehr Begriffe für das Wort „Zimmer"?
* Überlege gut und schreibe auf: Wie könnte man die Stubenfliege auch nennen?

Die Stubenfliege (3)

Die Stubenfliege findest du überall dort, wo auch Menschen leben. Sie gehört schon fast wie ein Haustier dazu. Aber meist stört sie uns Menschen, wenn sie neugierig summend durch unsere Zimmer fliegt. In den Wohnräumen fühlt sie sich wohl. Ein anderes Wort für Raum ist Stube. Deswegen wird die Fliege auch Stubenfliege genannt. Wenn du eine Fliege genau beobachtest, dann wirst du merken, wie geschickt und beweglich sie ist. Sie kann sogar einen Salto in der Luft machen.

(80 Wörter)

1. Lies den Text genau.
2. Lies die Fragen genau und unterstreiche den Hinweissatz im Text.
    a) Wo lebt die Stubenfliege? Unterstreiche braun.
    b) Wo fühlt sich die Fliege wohl? Unterstreiche grün.
    c) Woher hat die Stubenfliege ihren Namen? Unterstreiche rot (2 Sätze).
    d) Woran erkennst du, dass eine Fliege geschickt ist? Unterstreiche gelb.

   Hinweissätze sind die Sätze, die dir eine mögliche Antwort auf die Frage geben!

3. Schreibe die Hinweissätze aus dem Text richtig in dein Heft ab.
4. Ordne Namenwörter (Nomen) aus dem Text in die Tabelle ein.

1 Silbe	2 Silben	3 Silben	4 Silben

5. Schreibe die Namenwörter (Nomen) aus der Tabelle in Silben zerlegt auf: **Kü-che**.
6. Finde das zusammengesetzte Namenwort (Nomen).

   Ein Raum zum Wohnen ist ein _____

7. Baue die zusammengesetzten Namenwörter (Nomen) mit Begleiter (Artikel) richtig auseinander und erkläre ihre Bedeutung:

   das Haustier = _____ + _____

   Erklärung: _____

   die Stubenfliege = _____ + _____

   Erklärung: _____

Zusatzaufgaben

* Im Text gibt es 3 verschiedene Wörter für das Wort „Zimmer". Schreibe sie heraus. Kennst du noch mehr Begriffe für das Wort „Zimmer"?
* Überlege gut und schreibe auf: Wie könnte man die Stubenfliege auch nennen?

Sommersprossen

Sommersprossen (1)

Wenn die Sonne scheint und du draußen spielst, dann kann es sein, dass deine Haut plötzlich lauter kleine braune Pünktchen bekommt. Das sind Sommersprossen. Aber nicht jeder Mensch bekommt Sommersprossen. Menschen mit sehr empfindlicher heller Haut sind besonders davon betroffen. Sie müssen vorsichtig sein, wenn die Sonne scheint, und darauf achten, dass sie genug Sonnencreme auftragen.

(57 Wörter)

> Hinweissätze sind die Sätze, die dir eine mögliche Antwort auf die Frage geben!

1. **Lies den Text genau.**
2. **Lies die Fragen genau und unterstreiche den Hinweissatz im Text.**
   a) Wie nennt man die kleinen braunen Pünktchen auf der Haut? Unterstreiche grün.
   b) Welche Menschen bekommen leicht Sommersprossen? Unterstreiche gelb.
3. **Schreibe die Hinweissätze aus dem Text richtig in dein Heft ab.**
4. **Ordne die Namenwörter (Nomen) ein:** *Sommersprossen, Sommer, Sonne, Pünktchen, Sonnencreme, Sonnentag.*

2 Silben	3 Silben	4 Silben

5. **Schreibe die Namenwörter (Nomen) aus der Tabelle in Silben zerlegt auf: Tas-se.**
6. **Finde Reimwörter.**

wenn	kann	heller	müssen
d	d	schn	k

7. **Finde das zusammengesetzte Namenwort (Nomen).**

   Eine Creme als Schutz gegen die Sonne ist eine _____

   Ein Hut als Schutz gegen die Sonne ist ein _____

Zusatzaufgabe
* Unterstreiche alle 4 Wiewörter (Adjektive) im Satz grün.
  Wenn deine helle Haut kleine braune Pünktchen bekommt, dann sind das lustige Sommersprossen.

Sommersprossen

Sommersprossen (2)

Wenn die Sonne scheint und du draußen spielst, dann kann es sein, dass deine Haut plötzlich lauter kleine braune Pünktchen bekommt. Das sind Sommersprossen. Sie werden wieder blasser, wenn du weniger in die Sonne gehst und deine Haut besser mit Sonnencreme schützt. Aber nicht jeder Mensch bekommt Sommersprossen. Menschen mit sehr empfindlicher heller Haut sind besonders davon betroffen. Sie müssen vorsichtig sein, wenn die Sonne scheint, und darauf achten, dass sie genug Sonnencreme auftragen. Meist bekommen sie schon nach kurzer Zeit viele lustige kleine Sommersprossen.

(86 Wörter)

> Hinweissätze sind die Sätze, die dir eine mögliche Antwort auf die Frage geben!

1. **Lies den Text genau.**
2. **Lies die Fragen genau und unterstreiche den Hinweissatz im Text.**
   a) Wie nennt man die kleinen braunen Pünktchen auf der Haut? Unterstreiche grün.
   b) Welche Menschen bekommen leicht Sommersprossen? Unterstreiche gelb.
   c) Worauf müssen diese Menschen achten? Unterstreiche rot.
3. **Schreibe die Hinweissätze aus dem Text richtig in dein Heft ab.**
4. **Ordne die Namenwörter (Nomen) aus dem Text in die Tabelle ein.**

1 Silbe	2 Silben	4 Silben

5. **Finde Reimwörter.**

kann	müssen	heller	besser	wenn

Sommersprossen

6. a) Unterstreiche die 4 Wiewörter (Adjektive).
b) Setze sie dann richtig in den Text b) ein.

a) Meist bekommen Menschen mit heller Haut lustige kleine braune Sommersprossen.

b) Die Haut einiger Menschen ist _____. Die Sommersprossen darauf

sind _____ und haben eine _____ Farbe.

Sie sehen _____ aus.

7. Finde das zusammengesetzte Namenwort.

Eine Creme als Schutz gegen die Sonne ist eine _____

Ein Hut als Schutz gegen die Sonne ist ein _____

Ein Schirm als Schutz gegen die Sonne ist ein _____

Zusatzaufgabe

* Finde weitere zusammengesetzte Namenwörter (Nomen).

Sommersprossen (3)

Wenn die Sonne scheint und du draußen spielst, dann kann es sein, dass deine Haut plötzlich lauter kleine braune Pünktchen bekommt. Das sind Sommersprossen. Sie werden wieder blasser, wenn du weniger in die Sonne gehst und deine Haut besser mit Sonnencreme schützt. Aber nicht jeder Mensch bekommt Sommersprossen. Menschen mit sehr empfindlicher heller Haut sind besonders davon betroffen. Sie müssen vorsichtig sein, wenn die Sonne scheint, und darauf achten, dass sie genug Sonnencreme auftragen. Meist bekommen sie schon nach kurzer Zeit viele lustige kleine Sommersprossen.

(86 Wörter)

Hinweissätze sind die Sätze, die dir eine mögliche Antwort auf die Frage geben!

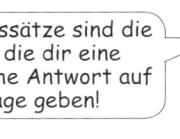

1. Lies den Text genau.

2. Lies die Fragen genau und unterstreiche den Hinweissatz im Text.
   a) Wie nennt man die kleinen braunen Pünktchen auf der Haut? Unterstreiche grün.
   b) Welche Menschen bekommen leicht Sommersprossen? Unterstreiche gelb.
   c) Worauf müssen diese Menschen achten? Unterstreiche rot.
   d) Wann verschwinden Sommersprossen? Unterstreiche blau.

3. Schreibe die Hinweissätze aus dem Text richtig in dein Heft ab.

4. Finde Reimwörter.

Sonne	Sprossen	bekommen	müssen	kann
	Fl	gen		

nennen	besser	heller	wenn
		schn	

5. Schreibe die Namenwörter (Nomen) in Silben zerlegt auf, z. B.: Tas-se.
   Sonne, Menschen, Sommer, Sommersprossen, Pünktchen, Sonnencreme.

Sommersprossen

6. a) Unterstreiche die 5 Wiewörter (Adjektive).
   b) Setze sie dann richtig in den Text b) ein.

   a) Menschen mit heller Haut sind empfindlicher in der Sonne. Meist bekommen sie lustige kleine braune Sommersprossen.

   b) Die Haut einiger Menschen ist _____. In der Sonne sind sie besonders _____ und bekommen schnell Sommersprossen.

   Die Sommersprossen darauf sind _____ und haben eine _____ Farbe. Sie sehen _____ aus.

7. Baue die zusammengesetzten Namenwörter richtig auseinander und erkläre ihre Bedeutung:

   die Sonnencreme = _____ + _____
   Erklärung: _____

   der Sonnenschirm = _____ + _____
   Erklärung: _____

   die Sonnenallergie = _____ + _____
   Erklärung: _____

   der Sonnenbrand = _____ + _____
   Erklärung: _____

Zusatzaufgabe
* Finde weitere zusammengesetzte Namenwörter (Nomen).

Die Feldmaus (1)

Es gibt viele verschiedene Arten von
Mäusen. Bei uns lebt die kleine Feldmaus.
Du findest sie auf Feldern oder auch im Garten. Sie frisst gerne
Getreidekörner, aber auch Früchte. Mäuse halten keinen Winterschlaf.
Im Sommer sammeln sie Vorräte, die sie in ihren Vorratskammern
in der Wohnhöhle unter der Erde vergraben. Im Winter ernähren sie sich
von ihren Vorräten. Die Feinde der Feldmaus sind Marder, Füchse,
Raubvögel, aber auch der Mensch.

(72 Wörter)

1. **Lies den Text genau.**
2. **Lies die Fragen genau und unterstreiche den Hinweissatz im Text.**
   a) Wie heißt die Maus, die bei uns lebt? Unterstreiche grün.
   b) Wo findest du die Maus? Unterstreiche braun.
   c) Was frisst die Maus? Unterstreiche rot.
3. **Schreibe die Hinweissätze aus dem Text richtig in dein Heft ab.**
4. **Ordne die Namenwörter (Nomen) richtig in die Tabelle ein und fülle sie aus.**
   Mäuse, Garten, Früchte, Füchse

Einzahl mit Begleiter (Artikel)	Mehrzahl mit Begleiter (Artikel)

5. **Baue die zusammengesetzten Namenwörter (Nomen) mit Begleiter (Artikel) richtig auseinander und erkläre ihre Bedeutung:**

   die Feldmaus = _____ + _____

   Erklärung: _____

   der Winterschlaf = _____ + _____

   Erklärung: _____

> Hinweissätze sind die Sätze, die dir eine mögliche Antwort auf die Frage geben!

Zusatzaufgabe
* Informiere dich über andere Mausarten, z. B. Spitzmaus, Springmaus, Rennmaus.

Die Feldmaus

Die Feldmaus (2)

Es gibt viele verschiedene Arten von Mäusen.
Bei uns lebt die kleine Feldmaus. Du findest
sie auf Feldern oder auch im Garten. Sie frisst gerne Getreidekörner, aber auch Früchte.
Mäuse halten keinen Winterschlaf. Im Sommer sammeln sie Vorräte, die sie in ihren
Vorratskammern in der Wohnhöhle unter der Erde vergraben. Im Winter ernähren
sie sich von ihren Vorräten. Die Feinde der Feldmaus sind Marder, Füchse,
Raubvögel, aber auch der Mensch.

(72 Wörter)

1. **Lies den Text genau.**
2. **Lies die Fragen genau und unterstreiche den Hinweissatz im Text.**
   a) Wie heißt die Maus, die bei uns lebt? Unterstreiche grün.
   b) Wo findest du die Maus? Unterstreiche braun.
   c) Was frisst die Maus? Unterstreiche rot.
   d) Was machen die Mäuse im Winter? Unterstreiche blau.
   e) Welche Feinde hat die Maus? Unterstreiche schwarz.

   > Hinweissätze sind die Sätze, die dir eine mögliche Antwort auf die Frage geben!

3. **Schreibe die Hinweissätze aus dem Text richtig in dein Heft ab.**
4. **Ordne die Namenwörter (Nomen) richtig in die Tabelle ein und fülle sie aus.**
   Mäuse, Garten, Früchte, Füchse, Vorräte

Einzahl mit Begleiter (Artikel)	Mehrzahl mit Begleiter (Artikel)

5. **Baue die zusammengesetzten Namenwörter (Nomen) mit Begleiter (Artikel) richtig auseinander und erkläre ihre Bedeutung:**

   die Feldmaus = _____ + _____
   Erklärung: _____

   der Winterschlaf = _____ + _____
   Erklärung: _____

   die Vorratskammer = _____ + _____
   Erklärung: _____

Zusatzaufgabe
* Informiere dich über andere Mausarten, z. B. Spitzmaus, Springmaus, Rennmaus.

Die Feldmaus (3)

Es gibt viele verschiedene Arten von
Mäusen. Bei uns lebt die kleine Feldmaus.
Du findest sie auf Feldern oder auch im Garten. Sie frisst gerne
Getreidekörner, aber auch Früchte. Mäuse halten keinen Winterschlaf.
Im Sommer sammeln sie Vorräte, die sie in ihren Vorratskammern
in der Wohnhöhle unter der Erde vergraben. Im Winter ernähren sie sich
von ihren Vorräten. Die Feinde der Feldmaus sind Marder, Füchse,
Raubvögel, aber auch der Mensch.

(72 Wörter)

1. **Lies den Text genau.**
2. **Lies die Fragen genau und unterstreiche den Hinweissatz im Text.**
    a) Wie heißt die Maus, die bei uns lebt? Unterstreiche grün.
    b) Wo findest du die Maus? Unterstreiche braun.
    c) Was frisst die Maus? Unterstreiche rot.
    d) Was machen Mäuse im Sommer? Unterstreiche gelb.
    e) Was machen die Mäuse im Winter? Unterstreiche blau.
    f) Welche Feinde hat die Maus? Unterstreiche schwarz.
3. **Schreibe die Hinweissätze aus dem Text richtig in dein Heft ab.**
4. **Ordne die Namenwörter (Nomen) mit Begleiter (Artikel) richtig in die Tabelle ein und fülle sie aus.** *Mäuse, Garten, Früchte, Füchse, Art, Vorräte, Feinde, Mensch*

> Hinweissätze sind die Sätze, die dir eine mögliche Antwort auf die Frage geben!

Einzahl mit Begleiter (Artikel)	Mehrzahl mit Begleiter (Artikel)

Die Feldmaus

5. Baue die zusammengesetzten Namenwörter (Nomen) mit Begleiter (Artikel) richtig auseinander und erkläre ihre Bedeutung:

die Feldmaus = _____ + _____

Erklärung: _____

_____

der Winterschlaf = _____ + _____

Erklärung: _____

_____

die Getreidekörner = _____ + _____

Erklärung: _____

_____

die Vorratskammer = _____ + _____

Erklärung: _____

_____

Zusatzaufgabe

* Informiere dich über andere Mausarten, z. B. Spitzmaus, Springmaus, Rennmaus.

Menschen ohne festen Wohnsitz (1)

Es gibt Menschen, die leben das ganze Jahr über auf der Straße. Sie sind obdachlos. Sie verbringen dort Tag und Nacht im warmen Sommer, aber auch im kalten Winter. Viele von ihnen haben keinen Kontakt mehr zu ihren Familien und keine Arbeit. In ärmeren Ländern gibt es sogar Kinder, die auf der Straße leben. Sie werden Straßenkinder genannt. Sie können nicht zur Schule gehen, um etwas zu lernen.

(72 Wörter)

Hinweissätze sind die Sätze, die dir eine mögliche Antwort auf die Frage geben!

1. **Lies den Text genau.**
2. **Lies die Fragen genau und unterstreiche den Hinweissatz im Text.**
   a) Wie nennt man Menschen ohne festen Wohnsitz? Unterstreiche gelb.
   b) Wie nennt man Kinder, die auf der Straße leben? Unterstreiche rot.
3. **Schreibe die Hinweissätze aus dem Text richtig in dein Heft ab.**
4. **Ordne die Namenwörter (Nomen) richtig ein:** *Menschen, Jahr, Straße, Tag.*

Einzahl mit Begleiter (Artikel)	Mehrzahl mit Begleiter (Artikel)

5. **Unterstreiche im Satz alle 3 Tunwörter (Verben) rot und fülle die Tabelle aus.**

   Straßenkinder können nicht zur Schule gehen, um etwas zu lernen.

Wir-Form	Grundform	Ich-Form	Er-Form
wir		ich	er
wir		ich	er
wir		ich	er

Zusatzaufgabe
* Überlege: Was fehlt den Menschen auf der Straße sicher am meisten?

Menschen ohne festen Wohnsitz

Menschen ohne festen Wohnsitz (2)

Es gibt Menschen, die leben das
ganze Jahr über auf der Straße.
Sie sind obdachlos. Sie verbringen
dort Tag und Nacht im warmen Sommer, aber auch im kalten Winter. Viele von ihnen haben keinen Kontakt mehr zu ihren Familien und keine Arbeit. In ärmeren Ländern gibt es sogar Kinder, die auf der Straße leben. Sie werden Straßenkinder genannt. Sie können nicht zur Schule gehen, um etwas zu lernen.

(72 Wörter)

Hinweissätze sind die Sätze, die dir eine mögliche Antwort auf die Frage geben!

1. Lies den Text genau.

2. Lies die Fragen genau und unterstreiche den Hinweissatz im Text.
   a) Wie nennt man Menschen ohne festen Wohnsitz? Unterstreiche gelb.
   b) Wie nennt man Kinder, die auf der Straße leben? Unterstreiche rot.
   c) Wo gibt es Kinder, die auf der Straße leben? Unterstreiche braun.

3. Schreibe die Hinweissätze aus dem Text richtig in dein Heft ab.

4. Ordne die Namenwörter (Nomen) richtig ein: *Menschen, Jahr, Straße, Tag, Nacht*.

Einzahl mit Begleiter (Artikel)	Mehrzahl mit Begleiter (Artikel)

5. Unterstreiche im Satz alle 4 Tunwörter (Verben) rot und fülle die Tabelle aus.

   Straßenkinder leben auf der Straße und können nicht zur Schule gehen, um etwas zu lernen.

Wir-Form	Grundform	Ich-Form	Du-Form	Er-Form
wir		ich	du	er
wir		ich	du	er
wir		ich	du	er
wir		ich	du	er

Zusatzaufgabe

* Überlege: Was fehlt den Menschen auf der Straße sicher am meisten?

Menschen ohne festen Wohnsitz (3)

Es gibt Menschen, die leben das ganze Jahr über auf der Straße. Sie sind obdachlos. Sie verbringen dort Tag und Nacht im warmen Sommer, aber auch im kalten Winter. Viele von ihnen haben keinen Kontakt mehr zu ihren Familien und keine Arbeit. In ärmeren Ländern gibt es sogar Kinder, die auf der Straße leben. Sie werden Straßenkinder genannt. Sie können nicht zur Schule gehen, um etwas zu lernen.

(72 Wörter)

1. Lies den Text genau.
2. Lies die Fragen genau und unterstreiche den Hinweissatz im Text.
   a) Wie nennt man Menschen ohne festen Wohnsitz? Unterstreiche gelb.
   b) Wie nennt man Kinder, die auf der Straße leben? Unterstreiche rot.
   c) Wo gibt es Kinder, die auf der Straße leben? Unterstreiche braun.
   d) Was unterscheidet diese Kinder von dir? Unterstreiche grün.

   Hinweissätze sind die Sätze, die dir eine mögliche Antwort auf die Frage geben!

3. Schreibe die Hinweissätze aus dem Text richtig in dein Heft ab.
4. Ordne die Namenwörter (Nomen) richtig ein: *Menschen, Jahr, Straße, Tag, Nacht, Familien*.

Einzahl mit Begleiter (Artikel)	Mehrzahl mit Begleiter (Artikel)

5. Unterstreiche in den Sätzen alle 5 Tunwörter (Verben) rot und fülle die Tabelle aus.

   In ärmeren Ländern leben sogar Kinder auf der Straße. Sie können nicht zur Schule gehen, um etwas zu lernen. Man nennt sie Straßenkinder.

Wir-Form	Grundform	Ich-Form	Du-Form	Er-Form
wir		ich	du	er
wir		ich	du	er
wir		ich	du	er
wir		ich	du	er
wir		ich	du	er

Zusatzaufgabe
* Überlege: Was fehlt den Menschen auf der Straße sicher am meisten?

Sankt Martin

Sankt Martin (1)

Am Martinstag gehen viele Kinder mit bunten
Laternen durch die Straßen. An diesem Tag
denken wir an Sankt Martin. In einer kalten
Nacht ritt er mit seinem Pferd durch die Straßen
und sah einen armen Bettler. Martin teilte seinen warmen Mantel mit dem Bettler.
Heute macht man oft ein großes Martinsfeuer. Es ist warm und hell.

(58 Wörter)

1. **Lies den Text genau.**
2. **Lies die Fragen genau und unterstreiche den Hinweissatz im Text.**
    a) Was machen die Kinder am Martinstag? Unterstreiche rot.
    b) Was machte Martin, als er den Bettler sah? Unterstreiche grün.
    c) Was wärmt uns heute beim Martinsumzug? Unterstreiche gelb.

    Hinweissätze sind die Sätze, die dir eine mögliche Antwort auf die Frage geben!

3. **Schreibe die Hinweissätze aus dem Text richtig in dein Heft ab.**
4. **Ordne die Namenwörter (Nomen) ein:** *Nacht, Martinstag, Laternen, Bettler, Pferd, Mantel.*

1 Silbe	2 Silben	3 Silben

5. **Unterstreiche alle 3 Tunwörter (Verben) in den Sätzen rot und trage sie in die Tabelle ein.**

Am Martinstag gehen viele Kinder mit bunten Laternen durch die Straßen.
An diesem Tag denken wir an Sankt Martin. Heute macht man oft ein großes
Martinsfeuer.

Tunwort (Verb)	Grundform	Tunwort (Verb)
wir		er
wir		er
wir		er

6. **Finde das zusammengesetzte Namenwort (Nomen).**

    Ein **Umzug** für **Martin** ist ein _____

Zusatzaufgabe
* Male St. Martin auf seinem Pferd.

Sankt Martin

Sankt Martin (2)

Am Martinstag ziehen viele Kinder mit bunten Laternen durch die Straßen und singen Martinslieder. Dies nennt man den Martinsumzug. An diesem Tag denken wir an Sankt Martin. In einer kalten Nacht ritt er mit seinem Pferd durch die Straßen und sah einen armen Bettler. Martin teilte seinen warmen Mantel mit dem Bettler. Heute wird oft ein großes Martinsfeuer angezündet. Es ist warm und hell.

(66 Wörter)

1. **Lies den Text genau.**
2. **Lies die Fragen genau und unterstreiche den Hinweissatz im Text.**
   a) Was machen die Kinder am Martinstag? Unterstreiche rot.
   b) Wie nennt man diesen Brauch? Unterstreiche blau.
   c) Was machte Martin, als er den Bettler sah? Unterstreiche grün.
   d) Was wärmt uns heute beim Martinsumzug? Unterstreiche gelb.

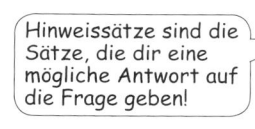

   Hinweissätze sind die Sätze, die dir eine mögliche Antwort auf die Frage geben!

3. **Schreibe die Hinweissätze aus dem Text richtig in dein Heft ab.**
4. **Ordne die Namenwörter (Nomen) ein:** *Nacht, Martinstag, Laternen, Straßen, Bettler, Pferd, Mantel, Tag.*

1 Silbe	2 Silben	3 Silben

5. **Unterstreiche alle 3 Tunwörter (Verben) in den Sätzen rot und fülle die Tabelle aus.**

   In einer kalten Nacht ritt Martin mit seinem Pferd durch die Straßen und sah einen armen Bettler. Martin teilte seinen warmen Mantel mit dem Bettler.

Vergangenheit	Vergangenheit	Grundform	Gegenwart	Gegenwart
er	wir		er	wir
er	wir		er	wir
er	wir		er	wir

6. **Finde das zusammengesetzte Namenwort (Nomen).**

   Die **Nacht**, in der wir an **Martin** denken, ist die _____

Zusatzaufgaben
* Erkundige dich, wann bei dir der Martinsumzug ist.
* Welche Martinslieder kennst du?
* Male St. Martin auf seinem Pferd.

Sankt Martin

Sankt Martin (3)

Am Martinstag ziehen viele Kinder mit bunten Laternen durch die Straßen. Dies nennt man den Martinsumzug. Sie singen Martinslieder. Meist reitet auf einem schönen Pferd ein Mann, der als Sankt Martin verkleidet ist. An diesem Tag denken wir an Sankt Martin. In einer kalten Nacht ritt er mit seinem Pferd durch die Straßen und sah einen armen Bettler. Martin teilte seinen warmen Mantel mit dem Bettler. Heute wird oft ein großes Martinsfeuer angezündet. Es ist warm und hell.

(80 Wörter)

1. Lies den Text genau.
2. Lies die Fragen genau und unterstreiche den Hinweissatz im Text.
   a) Was machen die Kinder am Martinstag? Unterstreiche rot.
   b) Wie nennt man diesen Brauch? Unterstreiche blau.
   c) Wer begleitet den Martinsumzug? Unterstreiche grün.
   d) Was machte Martin, als er den Bettler sah? Unterstreiche schwarz.
   e) Was wärmt uns heute beim Martinsumzug? Unterstreiche gelb.

   Hinweissätze sind die Sätze, die dir eine mögliche Antwort auf die Frage geben!

3. Schreibe die Hinweissätze aus dem Text richtig in dein Heft ab.
4. Ordne Namenwörter (Nomen) aus dem Text in die Tabelle ein.

1 Silbe	2 Silben	3 Silben

5. Schreibe die Namenwörter (Nomen) aus der Tabelle in Silben zerlegt auf: **Kin-der.**
6. Unterstreiche alle 3 Tunwörter (Verben) in den Sätzen rot und fülle die Tabelle aus.

   In einer kalten Nacht ritt Martin mit seinem Pferd durch die Straßen und sah einen armen Bettler. Martin teilte seinen warmen Mantel mit dem Bettler.

Vergangenheit	Vergangenheit	Grundform	Gegenwart	Gegenwart
er	wir		er	wir
er	wir		er	wir
er	wir		er	wir

6. Finde das zusammengesetzte Namenwort (Nomen).

   Die Nacht, in der wir an Martin denken, ist die _____

   Die Laternen für Martin sind _____

Zusatzaufgaben

* Erkundige dich, wann bei dir der Martinsumzug ist.
* Welche Martinslieder kennst du?
* Male St. Martin auf seinem Pferd.

Beobachtungsbogen

Beobachtungsbogen zur Bewertung der Rechtschreibarbeit

Übersicht über mögliche Kompetenzen

Name: _____

Erworbene Kompetenzen	☺	😐	☹
… kann Texte sinnverstehend lesen/erschließen, genau lesen			
… kann gezielt Informationen entnehmen, Aussagen mit Textstellen belegen			
… kann fehlerfrei abschreiben			
… kennt Möglichkeiten der Wortbildung, kann zusammengesetzte Nomen im Sinnzusammenhang bilden und einsetzen, kann mit Sprache experimentell umgehen			
… kennt die Begriffe: Namenwort/Nomen, Tunwort/Verb, Einzahl/Mehrzahl, kann sie anwenden			
… kann Wortarten unterscheiden			
… kann Nomen den richtigen Artikel zuordnen			
… kann die Mehrzahl richtig bilden			
… kann Verben konjugieren			
… kann Wörter in Silben zerlegen			
… kann Wörter auf Richtigkeit überprüfen und korrigieren			
… beachtet die Groß- und Kleinschreibung			
… kann zusammengesetzte Nomen zerlegen und erklären			
… kann zusammengesetzte Nomen im Sinnzusammenhang bilden und einsetzen			
… erkennt Wortverwandtschaften, kann verwandte Wörter ableiten/finden			
* … verwendet das Wörterbuch als Rechtschreibhilfe			
* … schreibt Wörter richtig aus dem Wörterbuch ab			
Weitere Anmerkungen			

Auch als Zeugnisformulierungen verwendbar.

Vorschläge zur Bewertung der Leistungskontrolle

Vorschläge zur Bewertung der Leistungskontrolle

Richtig lesen und verstehen Nr.	Richtig schreiben Nr.	Richtig schreiben Nr.	Sprache untersuchen Nr.
Du hast beim Beantworten der Fragen ____ Fehler gemacht.	Du hast beim Schreiben und Abschreiben der Sätze ____ Fehler gemacht.	Du kannst zusammengesetzte Namenwörter richtig schreiben. Du kannst Wörter richtig in Silben zerlegen.	Du erkennst Wortarten (Namenwort/Nomen, Tunwort/Verb, Wiewort/Adjektiv), kannst die Mehrzahl und Personalformen bilden.
Punkte: /	Punkte: /	Punkte: /	Punkte: /
Du hast ___ Punkte von ___ Punkten erreicht. Note:			

Dieses Bewertungsschema kann als Kopie unter die Leistungskontrolle geklebt werden und muss gegebenenfalls auf die jeweilige Leistungskontrolle abgestimmt werden. Fügen Sie außerdem die entsprechende Nummer der jeweiligen Aufgabe ein.

Beispiel, bezogen auf Rechtschreibarbeit „Die Feldmaus (1)", S. 31:

Richtig lesen und verstehen Nr. 2	Richtig schreiben Nr. 3, Nr. 4, Nr. 5	Richtig schreiben, Sprache untersuchen Nr. 5	Sprache untersuchen Nr. 4
Du hast beim Beantworten der Fragen ____ Fehler gemacht.	Du hast beim Schreiben und Abschreiben der Sätze ____ Fehler gemacht.	Du kannst zusammengesetzte Namenwörter/Nomen richtig auseinanderbauen und erklären.	Du erkennst Wortarten (Namenwort/Nomen), kannst Einzahl und Mehrzahl bilden und den richtigen Begleiter/Artikel zuordnen.
Punkte: / 3	Punkte: / 10	Punkte: / 6	Punkte: / 8

Vorschlag

Wörter 0 Fehler	10 Punkte
Wörter 1–9 Fehler	9, 8, 7, 6, 5, 4, 3, 2, 1 Punkte
Wörter ab 10 Fehler	0 Punkte

Alternatives Bewertungsschema zur Rechtschreibarbeit

Rückmeldung an Schüler/in durch Lehrer/in

Das kannst du	☺	😐	☹
Punkte	3	2	1
Du kannst Texte lesen und den Sinn verstehen.			
Du kannst Informationen aus Texten richtig entnehmen und Textstellen dazu fehlerfrei abschreiben.			
Du kannst Wörter in Silben zerlegen.			
Du erkennst Wortarten und kennst die Begriffe dazu.			
Du findest den richtigen Begleiter (Artikel) zu den Namenwörtern (Nomen).			
Du kannst Namenwörter (Nomen) in der Ein- und Mehrzahl bilden.			
Du kannst Tunwörter (Verben) in verschiedenen Personalformen bilden.			
Du kannst Wiewörter (Adjektive) steigern.			
Du kennst Möglichkeiten der Wortbildung (Wortbausteine, zusammengesetzte Nomen usw.) und kannst Wörter richtig auseinander- oder zusammenbauen.			
Du kannst verwandte Wörter ableiten und finden.			
Tipps zum Üben:			

Nicht zu viele Kompetenzen aufnehmen, sondern sich auf 5 bis 6 beschränken, bezogen auf den Schwerpunkt der jeweiligen Leistungskontrolle.

Schülerselbstreflexion

Name:	Klasse:	Datum:

Richtig schreiben: Die Rechtschreibarbeit

Das kann ich	☺	😐	☹
Ich kann Texte lesen und den Sinn verstehen.			
Ich kann Informationen aus Texten richtig entnehmen und Textstellen dazu fehlerfrei abschreiben.			
Ich kenne Möglichkeiten der Wortbildung (Wortbausteine, zusammengesetzte Nomen usw.) und kann Wörter richtig auseinander- oder zusammenbauen.			
Ich erkenne Wortarten und kenne die Begriffe dazu.			
Ich kann Namenwörter (Nomen) in der Ein- und Mehrzahl bilden, kann Tunwörter (Verben) in verschiedenen Personalformen und Zeiten bilden, kann Wiewörter (Adjektive) steigern.			
Ich kann verwandte Wörter ableiten und finden.			

Das nehme ich mir vor:

1. Ziel

2. Ziel

Unterschrift Schüler/in: _____ Unterschrift Lehrer/in: _____

2 Das kommentierte Diktat

Übersicht

Kommentierte Diktate	Seite	Stufe	Jahreszeit
Marienkäfer	61	2	F/S
Hausaufgabenhexerei	64	2	
Sonntagsausflug in die Stadt	67	2	
Winterblumen	70	2	W
Die kleinen Schneeflocken	73	2	W
Das Licht	76	2	
Weihnachten in anderen Ländern	79	2	W
Der dankbare Riese	82	2	
Das Seeungeheuer im Rhein	85	2	

Einführung in das kommentierte Diktat

Die kommentierten Diktate in diesem Kapitel sind nach dem immer gleichen und für Schüler schnell zu durchschauenden Schema in drei Schwierigkeitsstufen aufgebaut.

Einige Texte lassen sich jahreszeitlich einordnen und sind dementsprechend gekennzeichnet. Alle Texte in diesem Kapitel eignen sich außerdem zur Abschrift und können auch mit Texten aus dem 1. Kapitel bzw. den anderen Bänden „Alternative Diktatformen" kombiniert werden, sodass weitere Differenzierungsmöglichkeiten bestehen.

In diesem Kapitel geht es um das Anwenden von Rechtschreibstrategien, das Einüben von Rechtschreibregeln und das weitere Entwickeln von Rechtschreibgespür im Sinnzusammenhang des jeweiligen Textes.

An dieser Stelle möchte ich jedoch darauf hinweisen, dass rechtschreibunsichere Kinder mit dieser Art der Diktatform meist noch überfordert sind und man damit eher ihre Verunsicherung steigert. Hier gilt es also behutsam vorzugehen, um gerade auch bei diesen Kindern Fehlersensibilität und eine Einsicht in unterschiedliche Fehlerarten anzubahnen. Deswegen enthalten die Texte der Differenzierungsstufe 1 Buchstabenangaben am Rande der Fehlersätze, die einen direkten Hinweis auf die Fehlerkategorisierung geben und es somit den Schülern auf dieser Stufe ermöglichen, die Fehlerquelle anhand des Übersichtsplans „Regeln, die mir helfen können, richtig zu schreiben" (S. 54) leichter zu finden. Auch das Wörterbuch sollte von allen Schülern zusätzlich benutzt werden dürfen.

Um Fehlersensibilität und einen sinnvollen Umgang mit Fehlern (Fehler bereichern dein Leben, wenn du etwas daraus lernst) zu schulen, sollte auf den Übungsplan „So verbessere ich meine Rechtschreibfehler" (S. 103) verwiesen werden.

Mithilfe des Plans erlangen die Schüler eine Einsicht in ihre individuellen Fehlerquellen und finden allmählich in Eigenverantwortlichkeit sinnvolle Übungen für sich.

Gerade rechtschreibunsicheren Kindern sollte diese Fehlerkategorisierung verdeutlichen, dass es sich bei ihnen trotz erhöhter Fehlerzahl meist nur um 2–3 Unsicherheiten handelt, die es nun verstärkt zu üben gilt. Um dies zusätzlich zu visualisieren, sollten Sie das Rechtschreibhaus heranziehen und den Schüler auf die ihm noch „verschlossenen Fenster", z. B. Großschreibung am Satzanfang oder Nomen, hinweisen.

Die häufig noch in der Praxis angewandte Abschrift des Textes bei einer Fehlerhäufung sollte an dieser Stelle kritisch hinterfragt werden, da diese dem Kind kaum Einsicht in die eigentliche Fehlerquelle gibt und dadurch nicht zur individuellen Förderung beiträgt. Vielmehr führt sie durch die meist zu beobachtende erneute Fehlerhäufung zu Versagensängsten, Demotivation und Frust bei den Schülerinnen und Schülern.

Zur Einführung in das kommentierte Diktat bietet sich eventuell das vereinfacht dargestellte Rechtschreibhaus (S. 94–95) zusammen mit den Strategiekarten (S. 50–53) an.
Gemeinsam mit den Kindern sollen Rechtschreibstrategien verbalisiert und visualisiert werden. Eine entsprechende Übersicht finden Sie auf Seite 49.

Einführung in das kommentierte Diktat

Empfehlenswert ist es, jedem Kind seine eigene, laminierte Merkkarte (S. 57) zu geben oder zumindest einige Merkkarten jederzeit zugänglich im Klassenraum zu platzieren.

Zur Übung können Sie die Fehlersätze im Anhang kopieren und laminieren. Es bleibt Ihnen überlassen, ob Sie die Fehlersätze als laminierte Karte mit dem Hinweis auf den jeweiligen Fehlerschwerpunkt einsetzen (z. B. bei Stationenarbeit), oder ob Sie einzelne Fehlersätze gezielt auswählen und als Satzstreifen verwenden.

Erfahrungsgemäß ist die Einführung im Plenum mit einzelnen Satzstreifen, die reihum aus einem Säckchen gezogen werden, hier besser geeignet, bevor die Kinder selbstständig mit den Fehlersätzen arbeiten. Rechtschreibstrategien sollen hierbei verbalisiert und der jeweiligen „Strategiekarte" (S. 50–53) zugeordnet werden.

Danach können die Kinder selbstständig arbeiten. Mit einem Folienstift markieren sie die Fehlerstelle und schreiben das Wort berichtigt darüber. Eine tägliche bis wöchentliche Übung am Fehlersatz ist angemessen, um die Fehlersensibilität und das aufmerksame Lesen bei den Kindern zu schulen.

Nach der Einführung in die Arbeitsweise des kommentierten Diktates können die Schüler selbstständig in Form eines Wochenplans mit den Texten arbeiten. Damit das berichtigte Wort im Textzusammenhang bestehen bleibt, sollte es zunächst direkt über dem Text verbessert werden (s. Texte, Aufgabe 2). Im Anschluss daran sollen die Kinder den Fehler näher untersuchen (s. Texte, Aufgabe 3). Texte in der Differenzierungsstufe 1 geben den Schülern bereits den entsprechenden Hinweis. Im Anhang finden Sie zu allen Übungen die Lösungsblätter.

Das Rechtschreibhaus sollten Sie zusammen mit den vereinfacht dargestellten Rechtschreibstrategien gut sichtbar im Klassenraum aushängen und regelmäßig von den Kindern verbalisieren lassen.

Alle Texte können Sie jederzeit als Leistungsnachweis im Klassenverband oder zur individuellen Lernkontrolle heranziehen. Vorschläge zur Bewertung finden Sie auf Seite 90.

Darüber hinaus besteht die Möglichkeit, weitere rechtschriftliche Übungen zum Wortmaterial der Texte in den Unterricht zu integrieren, z. B. in der Form des Raketenspiels oder „Wort des Tages". Achten Sie jedoch darauf, dass der Text als thematische Klammer bestehen bleibt, wie es die Übungen im 1. Kapitel vorsehen.

Die Schülerselbstreflexion in Form eines Rechtschreibportfolios sollten Sie ein- bis zweimal im Halbjahr mit den Kindern durchführen und diese anschließend mit ihnen besprechen.

Einführung in das kommentierte Diktat

Bezug zu den Bildungsstandards im Fach Deutsch für den Primarbereich vom 15.10.2004

Das kommentierte Diktat

Fehlerhafte Schreibweisen im Text erkennen und die richtige Schreibweise mit Hilfe des Wörterbuches und entsprechenden Rechtschreibstrategien berichtigen

Kompetenzbereiche	Kompetenzen
Lesen	+ über Lesefähigkeiten verfügen
	+ altersgemäße Texte sinnverstehend lesen
	+ Texte erschließen, gezielt einzelne Informationen suchen
	+ Texte genau lesen
	+ Aussagen mit Textstellen belegen
Schreiben – Richtig Schreiben	+ über Schreibfertigkeiten verfügen
	+ eine gut lesbare Handschrift flüssig schreiben
	+ Arbeitstechniken nutzen: methodisch sinnvoll abschreiben
	+ Texte auf orthografische Richtigkeit überprüfen und korrigieren
	+ geübte, rechtschreibwichtige Wörter normgerecht schreiben
	+ Rechtschreibstrategien verwenden: Mitsprechen, Ableiten, Einprägen, Zeichensetzung beachten
	+ Über Fehlersensibilität und Rechtschreibgespür verfügen
	+ Rechtschreibhilfen (Wörterbuch) verwenden
Sprache- und Sprachgebrauch untersuchen	+ an Wörtern, Sätzen, Texten arbeiten: Wörter strukturieren und Möglichkeiten der Wortbildung kennen, Wörter sammeln und ordnen
	+ grundlegende sprachliche Strukturen und Begriffe kennen und verwenden
	+ Kommentieren von Schreibweisen, Nutzen von Strategiewissen über das Bausteinsystem, Regelhaftigkeiten, Rechtschreibbesonderheiten (vgl. S. 51 Bildungsstandards)
	+ Nutzung von grammatikalischen Kenntnissen für die Rechtschreibung

Rechtschreibstrategien verbalisieren

Im Folgenden finden Sie einige Vorschläge zur Verbalisierung von Rechtschreibregeln und Strategien. Es bietet sich jedoch an, mit den Kindern eigene Formulierungen zu sammeln bzw. eigene Formulierungen zu fördern und zu fordern, um einem starren Auswendiglernen von Regeln und Strategien vorzubeugen. Kreativität ist gefragt! Es gibt mehrere Möglichkeiten zur Begründung der Schreibweise. Gerade das erlaubt es LehrerInnen, einen Einblick in die individuellen Lernstrategien ihrer Schüler und Schülerinnen zu erhalten.

Wortarten erkennen

N Das Wort ist ein Namenwort (Nomen). Ich schreibe es groß.
Der Begleiter (Artikel) heißt: der Schrank.
Die Mehrzahl heißt: die Schränke.

N + N Das Wort ist ein zusammengebautes Namenwort (Nomen). Ich schreibe es groß.
Ich schreibe es in einem Wort.

V Das Wort ist ein Tunwort (Verb). Ich schreibe es klein.
Es verändert sich: ich gehe, wir gehen …
Der Verbenbaum hilft mir.

A Das Wort ist ein Wiewort (Adjektiv). Ich schreibe es klein.
Ich kann es steigern: klein, kleiner, am kleinsten

Verwandte Wörter erkennen: ableiten und verlängern

N Das Wort ist ein Namenwort (Nomen).
Ich bilde die Mehrzahl, um den Buchstaben am Wortende deutlicher zu hören: die W**äl**d**er

V Das Wort ist ein Tunwort (Verb). Das verwandte Wort ist …
Ich bilde die Wir-Form, um den Buchstaben in der Wortmitte deutlicher zu hören: ge**b**en

A Das Wort ist ein Wiewort (Adjektiv).
Ich steigere es, um den Buchstaben am Wortende deutlicher zu hören: windi**g**–windi**g**er

Silben

Ich klatsche das Wort in Silben: bes-ser.
Dann höre ich die doppelten Buchstaben besser.

Satzanfang/Überschrift

Das Wort steht am Satzanfang. Ich schreibe es groß.
Das Wort steht am Anfang der Überschrift. Ich schreibe es groß.

Lernwort

Das ist ein Lernwort. Ich merke es mir und übe es gut.

Strategiekarten

Nomen (Namenwort)

groß

der   die   das

EZ / MZ

$\boxed{N} + \boxed{N} = \boxed{NN}$

Verb (Tunwort)

klein

Strategiekarten

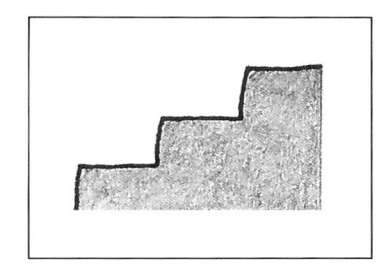

Adjektiv (Wiewort)

klein

Silben *Silben*

Doppelte Mitlaute *ll*

Strategiekarten

SÜ **S**atzanfang / **Ü**berschrift

groß

LW **L**ern**w**ort

Strategiekarten

Wortverwandtschaft: verlängern / ableiten

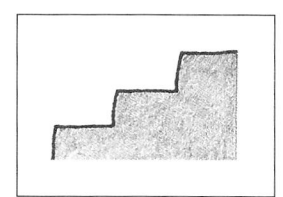

N   V   A

Regeln

Regeln, die mir helfen können, richtig zu schreiben

Den Fehlern auf der Spur

1. Wort in Silben zerlegen
2. Wortart erkennen: Namenwort (Nomen), Tunwort (Verb), Wiewort (Adjektiv)
3. Verwandte Wörter erkennen: verlängern oder ableiten

N
Nomen (Namenwörter)
- schreibe ich groß
- haben einen Begleiter (Artikel) der die das
- gibt es in Einzahl und Mehrzahl
- kann man zusammenbauen (zusammengesetzte Nomen)

V
Verben (Tunwörter)
- schreibe ich klein
- verändern sich

A
Adjektive (Wiewörter)
- schreibe ich klein
- kann ich steigern

S
Silben
- ich klatsche das Wort in Silben
- ich höre doppelte Buchstaben besser

LW
Lernwort
- das Wort muss ich mir gut merken

Verwandte Wörter
- ich erkenne ein verwandtes Wort

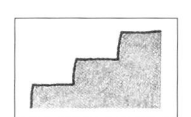

SÜ
Satzanfang/Überschrift
- schreibe ich groß

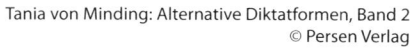

Fehlerauswertung/Fehleranalyse

Durch die Kategorisierung der Fehler in der 3. Spalte wird für den Schüler direkt ersichtlich, welche Fehlerhäufung er hat und worin sein Übungsschwerpunkt liegen sollte.

Desweiteren wird er selbstständig die entsprechenden Übungen durch Symbolangleichung auf dem Übungsplan „So verbessere ich meine Rechtschreibfehler" (S. 102–103) finden und durchführen können.

Ich bin meinen Fehlern auf der Spur

Fehler	Erklärung	Fehlerart/Übung
F1		
F2		

So übe ich weiter, um sicher in der Rechtschreibung zu werden:

Übung 1: **N**

Übung 2: **S**

Fehlerauswertung/Fehleranalyse

Beispiel einer möglichen Fehlerauswertung

Die Fehlerkategorisierung erfolgt mit Hilfe des Arbeitsblattes „Regeln, die mir helfen können, richtig zu schreiben" (S. 54). Anschließend suchen die SchülerInnen die entsprechende Übung aus dem Übungsplan (S. 102–103) heraus und führen diese durch.

Damit sollen die Kinder ihre Aufmerksamkeit auf die Fehlerquelle richten und den eigenverantwortlichen Umgang mit sinnvollen Fehlerübungen trainieren.

Ich bin meinen Fehlern auf der Spur

Fehler	Erklärung	Fehlerart/Übung
F1 (die Kinder)	Namenwort, schreibe ich groß	N
F2 (Die **Klas**se)	zerlege ich in Silben, hat zwei ss	S
F3 (Der Klassen**raum**)	Zusammengesetztes Namenwort	N + N
F4 (Die Häuser)	Verwandtes Wort: das H**au**s	☺☺
F5 (klein)	Wiewort, schreibe ich klein	A
F6 (er geht)	Tunwort, Endung -t, Verbenbaum	V
F7 (dann)	Lernwort, ich finde Reimwörter	LW

So übe ich weiter, um sicher in der Rechtschreibung zu werden:

Übung 1: **N**   Ich schreibe Namenwörter mit Begleiter aus dem Wörterbuch ab.

Übung 2: **S**   Ich zerlege Wörter aus dem Wörterbuch in Silben.

Merkkarte

Regeln, die mir helfen können, richtig zu schreiben:

---

1. Wort in Silben zerlegen
2. Wortart erkennen: Namenwort (Nomen), Tunwort (Verb), Wiewort (Adjektiv)
3. Verwandte Wörter erkennen: verlängern oder ableiten
4. Lernwörter üben und merken

---

1. Wort in Silben zerlegen

2. N Nomen
   V Verb
   A Adjektiv

   Wortart erkennen:
   Namenwort, Tunwort, Wiewort

3. Verwandte Wörter erkennen: Wort verlängern oder ableiten

4. Lernwörter üben und merken

Fehlersätze als Übungsmaterial

Wortarten erkennen

Bei den menschen gelten Marienkäfer als Glücksbringer.

Marienkäfer findest du vor allem auf wiesen und in Gärten.

Der Vogel setzt sich direkt auf das breite knie des Riesen.

Im Winter sind alle straßen grau und leer.

Die Blüte der Blume Sieht aus wie ein kleines Glöckchen.

Fröhlich Pfeift der kleine Vogel vor sich hin.

Der Riese blickt verwundert auf den Mutigen kleinen Freund.

Die Schneeflocken fallen Leise zur Erde hinab.

Das Tier hat einen Langen braunen Hals.

An einem Warmen Tag machen sich die beiden Enten auf den Weg.

Wörter verlängern, Ableitungen finden

Im Walt sitzt schon seit langer Zeit ein Riese.

Der traurige Riese hat keinen Freunt.

Das Tier hat einen breiten gefährlichen Munt.

Für einen Moment scheint die Zeid still zu stehen.

Die Schneeflocken liegen dicht zusammen auf den Ästen der Beume.

Im Winter sind die Menschen gerne in ihren warmen Heusern.

Unter einer Brücke sitz ein alter Mann.

Vor dem Kind stehd eine warme Kerze.

Die Pferde auf der Wiese stehen hinter hohen Zeunen.

Ein kleiner Hunt rennt bellend auf das Pferd zu.

Fehlersätze als Übungsmaterial

Zusammengesetzte Namenwörter erkennen
Axel machte fix seine Haus Aufgaben.
Der kleine Funke springt zum Kerzen Docht und entzündet die Kerze.
Marienkäfer werden auch Glücks Käfer genannt.
Der Vogel denkt, er sitzt auf einem Baum Stamm.
Am Weihnachts Abend trifft sich die Familien zum Festessen.
Der Weihnachts Baum wird festlich geschmückt.
Die Schneeflocken fallen leise auf die Auto Straße.
Das Schneeglöckchen ist eine Winter Blume.
Am Morgen machen die beiden Enten einen Enten Ausflug.
Der Riese sitzt traurig auf dem Wald Boden.

Wörter in Silben zerlegen
Die Kinder wolen die Hausaufgaben ändern.
Müsen wir wirklich immer Hausaufgaben machen?, fragen die Kinder.
Eine hohe Wele umspült die Ente im Wasser.
Viele große Schife fahren den breiten Fluss entlang.
Nils sah zwei dicke Äste im Wasser schwimen.
Die Enten watscheln miten auf der großen Hauptstraße.
Die Freunde versprechen sich, imer zusammenzuhalten.
Im Waser schwimmt eine kleine Ente.
Im Winter spielen die Kinder zusamen im Schnee.
Die Bäume im Winter sehen kahl aus ohne ihre Bläter.

Fehlersätze als Übungsmaterial

Satzanfänge und Überschriften erkennen
<u>das</u> war wohl nix, sprach seine Mutter da.
<u>inzwischen</u> ist es Winter geworden.
<u>jeder</u> fürchtet sich vor dem Riesen, weil er so groß ist.
<u>da</u> tauchte das Tier im Wasser wieder auf.
<u>am</u> Morgen machen sich die Enten auf den Weg in die Stadt.
<u>der</u> Sonntagsausflug in die Stadt
<u>die</u> kleinen Schneeflocken
<u>der</u> dankbare Riese
<u>eine</u> Winterblume
<u>das</u> Seeungeheuer im Rhein

Lernwörter
Die Enten ließen sich <u>nich</u> von den hupenden Autos stören.
<u>Dan</u> machten sich die Enten auf den Weg durch die Stadt.
Der Riese <u>unt</u> der kleine Vogel wurden Freunde.
Der kleine <u>Fogel</u> dachte aber, dass er auf einem Baumstamm sitzt.
<u>Wier</u> sind Freunde fürs Leben, sprach der Riese zum Vogel.
Axel macht seine Hausaufgaben <u>offt</u> mit seinem Freund Max.
Zeigst du <u>mier</u> die Stadt ?, fragte die Ente ihren Mann.
Der Marienkäfer <u>isst</u> ein kleiner runder Glückskäfer.
<u>Nuhn</u> ist es kalt genug und es fängt endlich an zu schneien.
Im Winter sehen die Bäume <u>one</u> Blätter kahl aus.

Marienkäfer (1)

Marienkäfer sind <u>Klein</u> und hübsch anzusehen. A

<u>sie</u> haben einen roten Körper mit schwarzen Punkten darauf. SÜ

Bei den <u>menschen</u> gelten sie als Glücksbringer. N

Deswegen werden sie auch <u>Glücks Käfer</u> genannt. N + N

Marienkäfer findest du vor allem auf <u>wiesen</u> und in Gärten. N

(40 Wörter)

Tipp: Nimm dein Wörterbuch zur Hilfe!

1. Lies den Text.

2. Max hat einen Text über Marienkäfer verfasst.
   Der Computer hat einige Wörter als falsch unterschlängelt.
   Hilf Max und schreibe die Wörter richtig über den Text.

3. Aus Fehlern kannst du lernen. Untersuche die Fehler von Max und erkläre die richtige Schreibweise.

Tabelle		
Fehler	Erklärung	Fehlerart/Übung
1		A

Zusatzaufgabe

* Übe mit den Fehlerwörtern sinnvoll weiter. Suche Max die richtigen Übungen „So verbessere ich meine Rechtschreibfehler" heraus.

Marienkäfer

Marienkäfer (2)

Marienkäfer sind Klein und hübsch anzusehen.

sie haben einen roten Körper mit schwarzen Punkten darauf.

Bei den menschen gelten sie als Glücksbringer.

Deswegen werden sie auch Glücks Käfer genannt.

Marienkäfer findest du vor allem auf wiesen und in Gärten.

Es gibt verschiedene Arten fon Marienkäfern.

Sie haben alle einen Runden kugelförmigen Körper.

Marienkäfer ernähren sich von Insekten und Blattleusen.

(60 Wörter)

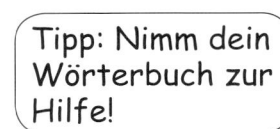

1. Lies den Text.

2. Max hat einen Text über Marienkäfer verfasst.
   Der Computer hat einige Wörter als falsch unterschlängelt.
   Hilf Max und schreibe die Wörter richtig über den Text.

3. Aus Fehlern kannst du lernen. Untersuche die Fehler von Max und erkläre die richtige Schreibweise.

   Tipp: Nimm dein Wörterbuch zur Hilfe!

   Tabelle

Fehler	Erklärung	Fehlerart/Übung
1		

Zusatzaufgabe

* Übe mit den Fehlerwörtern sinnvoll weiter. Suche Max die richtigen Übungen „So verbessere ich meine Rechtschreibfehler" heraus.

Marienkäfer (3)

Marienkäfer sind Klein und hübsch anzusehen.

sie haben einen roten Körper mit schwarzen Punkten darauf.

Bei den menschen gelten sie als Glücksbringer.

Deswegen werden sie auch Glücks Käfer genannt.

Marienkäfer findest du vor allem auf wiesen und in Gärten.

Es gibt verschiedene Arten fon Marienkäfern.

Sie haben alle einen Runden kugelförmigen Körper.

Marienkäfer ernähren sich von Insekten und Blattleusen.

Marienkäfer werden höchstens Drei Jahre alt.

Sie erleben in ihrem kurzen Leben nur dreimal einen Somer.

(76 Wörter)

Tipp: Nimm dein Wörterbuch zur Hilfe!

1. Lies den Text.

2. Max hat einen Text über Marienkäfer verfasst. Beim Kontrollieren hat seine Lehrerin in jedem Satz noch einen Fehler entdeckt. Hilf ihm und unterstreiche die 10 Fehlerwörter grün.

3. Schreibe die Wörter richtig über den Text

4. Aus Fehlern kannst du lernen. Untersuche die Fehler von Max und erkläre die richtige Schreibweise.

Tabelle		
Fehler	Erklärung	Fehlerart/Übung
1		

5. Übe mit den Fehlerwörtern sinnvoll weiter. Suche Max die richtigen Übungen „So verbessere ich meine Rechtschreibfehler" heraus.

Hausaufgabenhexerei

Hausaufgabenhexerei (1)

Axel machte fix seine Haus Aufgaben. [N]+[N]

das war wohl nix, sprach seine Mutter da. [SÜ]

Verflixt noch mal, dachte der Kleine Junge. [A]

Was für ein Mix an Hausaufgaben.

Die bringen doch nix.

Warum kann ich nicht hexen?

Mathe und Deutsch in einen Mixer stecken, aufs Knöpfchen drücken und

hex, hex in null Komma nix komen die fertigen Hausaufgaben heraus. [S]

Das wäre prima, dachte der junge noch, während er die Hausaufgaben [N]

wiederholt abschrieb und sein Freunt Max geduldig auf ihn wartete. ☺☺

(80 Wörter)

Tipp: Nimm dein Wörterbuch zur Hilfe!

1. Lies die Geschichte.

2. Die Mutter hat die falsch geschriebenen Wörter in Axels Hausaufgaben unterschlängelt. Hilf Axel und schreibe die Wörter richtig über den Text.

3. Aus Fehlern kannst du lernen. Untersuche die Fehler von Axel und erkläre die richtige Schreibweise.

Tabelle		
Fehler	**Erklärung**	**Fehlerart/Übung**
1		[N]+[N]

Zusatzaufgaben
* Kennst du noch mehr X-Wörter? Schreibe sie auf.
* Erfinde eine X-Geschichte mit den Wörtern.
* Übe mit den Fehlerwörtern sinnvoll weiter. Suche Axel die richtigen Übungen „So verbessere ich meine Rechtschreibfehler" heraus.

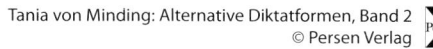

Hausaufgabenhexerei

Hausaufgabenhexerei (2)

Axel machte fix seine Haus Aufgaben.

das war wohl nix, sprach seine Mutter da.

Verflixt noch mal, dachte der Kleine Junge.

Was für ein Mix an Hausaufgaben.

Die bringen doch nix.

Warum kann ich nicht hexen?

Mathe und Deutsch in einen Mixer stecken, aufs Knöpfchen drücken und

hex, hex in null Komma nix komen die fertigen Hausaufgaben heraus.

Das wäre prima, dachte der junge noch, während er die Hausaufgaben

wiederholt abschrieb und sein Freunt Max geduldig auf ihn wartete.

(80 Wörter)

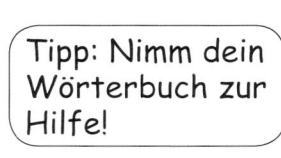

Tipp: Nimm dein Wörterbuch zur Hilfe!

1. Lies die Geschichte.

2. Die Mutter hat die falsch geschriebenen Wörter in Axels Hausaufgaben unterschlängelt. Hilf ihm und schreibe die Wörter richtig über den Text.

3. Aus Fehlern kannst du lernen. Untersuche die Fehler von Axel und erkläre die richtige Schreibweise.

Tabelle		
Fehler	**Erklärung**	**Fehlerart/Übung**
1		

Zusatzaufgaben
* Kennst du noch mehr X-Wörter? Schreibe sie auf.
* Erfinde eine X-Geschichte mit den Wörtern.
* Übe mit den Fehlerwörtern sinnvoll weiter. Suche Axel die richtigen Übungen „So verbessere ich meine Rechtschreibfehler" heraus.

Hausaufgabenhexerei

Hausaufgabenhexerei (3)

| Axel machte fix seine Haus Aufgaben.

| das war wohl nix, sprach seine Mutter da.

| Verflixt noch mal, dachte der Kleine Junge.

Was für ein Mix an Hausaufgaben.

Die bringen doch nix.

Warum kann ich nicht hexen?

Mathe und Deutsch in einen Mixer stecken, aufs Knöpfchen drücken und

| hex, hex in null Komma nix komen die fertigen Hausaufgaben heraus.

| Das wäre prima, dachte der junge noch, während er die Hausaufgaben

| wiederholt abschrieb und sein Freunt Max geduldig auf ihn wartete.

(80 Wörter)

Tipp: Nimm dein Wörterbuch zur Hilfe!

1. **Lies die Geschichte.**

2. **Die Mutter hat noch 6 Fehler in Axels Hausaufgaben entdeckt und sie am Rande markiert. Hilf ihm und unterstreiche die 6 Fehlerwörter grün.**

3. **Schreibe die Wörter richtig über den Text.**

4. **Aus Fehlern kannst du lernen. Untersuche die Fehler von Axel und erkläre die richtige Schreibweise.**

Tabelle

Fehler	Erklärung	Fehlerart/Übung
1		

5. **Übe mit den Fehlerwörtern sinnvoll weiter. Suche Axel die richtigen Übungen „So verbessere ich meine Rechtschreibfehler" heraus.**

Zusatzaufgaben
* Kennst du noch mehr X-Wörter? Schreibe sie auf.
* Erfinde eine X-Geschichte mit den Wörtern.

Sonntagsausflug in die Stadt (1)

Komm, ich zeig dir, wo die Menschen

wohnen, sprach der Erpel zu seiner frau. **N**

Es war ein Warmer Sonntagmorgen, und so machten sich die beiden Enten **A**

auf den Weg.

unbekümmert watschelten sie miten auf der großen Hauptstraße **SÜ** **S**

und gaben an diesem Morgen das Tempo an.

Sie ließen sich nich von den hupenden Autos aus der Ruhe bringen. **LW**

Und für einen Moment schien die Zeid still zu stehen, und das Herz der ☺☺

Menschen füllte sich mit Wärme und Liebe beim Anblick des verliebten Entenpärchens.

(87 Wörter)

> Tipp: Nimm dein Wörterbuch zur Hilfe!

1. Lies die Geschichte.

2. Andrea hat eine schöne Entengeschichte geschrieben. Der Computer hat einige Wörter als falsch unterschlängelt. Hilf Andrea und schreibe die Wörter richtig über den Text.

3. Aus Fehlern kannst du lernen. Untersuche die Fehler von Andrea und erkläre die richtige Schreibweise.

Tabelle		
Fehler	**Erklärung**	**Fehlerart/Übung**
1		**N**

Zusatzaufgaben

* Schreibe weiter: Was erleben die beiden Enten auf ihrem Ausflug in die Stadt?
* Übe mit den Fehlerwörtern sinnvoll weiter. Suche Andrea die richtigen Übungen „So verbessere ich meine Rechtschreibfehler" heraus.

Sonntagsausflug in die Stadt

Sonntagsausflug in die Stadt (2)

Komm, ich zeig dir, wo die Menschen wohnen, sprach der Erpel zu seiner frau.

Es war ein Warmer Sonntagmorgen, und so machten sich die beiden Enten auf den Weg durch die grauen Straßen der Großen Stadt.

unbekümmert watschelten sie miten auf der großen Hauptstraße und gaben an diesem Morgen das tempo an.

Sie ließen sich nich von den hupenden Autos aus der Ruhe bringen.

Verwundert blieben die Auto Fahrer stehen und beobachteten lächelnd das verliebte Entenpärchen.

Und für einen Moment schien die Zeid still zu stehen und das herz der Menschen füllte sich mit Wärme und Liebe.

(101 Wörter)

Tipp: Nimm dein Wörterbuch zur Hilfe!

1. Lies die Geschichte.

2. Andrea hat eine schöne Entengeschichte geschrieben. Der Computer hat einige Wörter als falsch unterschlängelt. Hilf Andrea und schreibe die Wörter richtig über den Text.

3. Aus Fehlern kannst du lernen. Untersuche die Fehler von Andrea und erkläre die richtige Schreibweise.

Tabelle		
Fehler	**Erklärung**	**Fehlerart/Übung**
1		

Zusatzaufgaben
* Schreibe weiter: Was erleben die beiden Enten auf ihrem Ausflug in die Stadt?
* Übe mit den Fehlerwörtern sinnvoll weiter. Suche Andrea die richtigen Übungen „So verbessere ich meine Rechtschreibfehler" heraus.

Sonntagsausflug in die Stadt (3)

Komm, ich zeig dir, wo die Menschen

| wohnen, sprach der Erpel zu seiner frau.

| Es war ein Warmer Sonntagmorgen, und so machten sich die beiden Enten

| auf den Weg durch die grauen Straßen der Großen Stadt.

|| unbekümmert watschelten sie miten auf der großen Hauptstraße und gaben

| an diesem Morgen das tempo an.

| Sie ließen sich nich von den hupenden Autos aus der Ruhe bringen.

| Verwundert blieben die Auto Fahrer stehen und beobachteten lächelnd

das verliebte Entenpärchen.

|| Und für einen Moment schien die Zeid still zu stehen und das herz der Menschen

füllte sich mit Wärme und Liebe.

(101 Wörter)

Tipp: Nimm dein Wörterbuch zur Hilfe!

1. Lies die Geschichte.

2. Andrea hat eine schöne Entengeschichte geschrieben. Beim Kontrollieren hat ihre Lehrerin noch 10 Fehler entdeckt. Hilf Andrea und unterstreiche die Fehlerwörter grün.

3. Schreibe die Wörter richtig über den Text.

4. Aus Fehlern kannst du lernen. Untersuche die Fehler von Andrea und erkläre die richtige Schreibweise.

Tabelle		
Fehler	Erklärung	Fehlerart/Übung
1		

5. Übe mit den Fehlerwörtern sinnvoll weiter. Suche Andrea die richtigen Übungen „So verbessere ich meine Rechtschreibfehler" heraus.

Zusatzaufgabe

* Schreibe weiter: Was erleben die beiden Enten auf ihrem Ausflug in die Stadt?

Winterblumen

Winter Blumen (1)   N + N

Auch im <u>winter</u> gibt es Blumen, die sich   N

gegen die Kälte durchsetzen und erblühen.

Sicher hast du schon einmal die kleinen <u>Weißen</u> Schneeglöckchen gesehen.   A

Sie wachsen im Garten oder auch im <u>Walt</u> und auf Wiesen.   ☺☺

Die Blüte <u>Sieht</u> aus wie ein kleines Glöckchen.   V

Schneeglöckchen strecken ihre Köpfchen durch die Schneedecke und

blühen somit <u>miten</u> im Winter.   S

(58 Wörter)

Tipp: Nimm dein Wörterbuch zur Hilfe!

1. Lies den Text.

2. Petra hat einen Text über Winterblumen verfasst. Der Computer hat in der Überschrift und in jedem Satz ein Wort als falsch unterschlängelt. Hilf Petra und schreibe die Wörter richtig über den Text.

3. Aus Fehlern kannst du lernen. Untersuche die Fehler von Petra und erkläre die richtige Schreibweise.

Tabelle

Fehler	Erklärung	Fehlerart/Übung
1		N + N

Zusatzaufgaben
* Informiere dich über andere Winterblumen.
* Zeichne ein Schneeglöckchen.
* Übe mit den Fehlerwörtern sinnvoll weiter. Suche Petra die richtigen Übungen „So verbessere ich meine Rechtschreibfehler" heraus.

Winterblumen

Winterblumen (2)

Auch im <u>winter</u> gibt es Blumen, die sich gegen die Kälte durchsetzen und erblühen.

Sicher hast du schon einmal die kleinen <u>Weißen</u> Schneeglöckchen gesehen.

Sie wachsen im Garten oder auch im <u>Walt</u> und auf Wiesen.

Die Blüte <u>Sieht</u> aus wie ein kleines Glöckchen.

Schneeglöckchen strecken ihre Köpfchen durch die Schneedecke und blühen somit <u>miten</u> im Winter.

Die ersten Schneeglöckchen <u>findesd</u> du meist schon im Januar oder Februar bei uns.

Halte auf deinem <u>Schul Weg</u> Ausschau nach ihnen.

Aber Achtung, denn Schneeglöckchen sind <u>Giftig</u>.

(84 Wörter)

Tipp: Nimm dein Wörterbuch zur Hilfe!

1. Lies den Text.

2. Petra hat einen Text über Winterblumen verfasst. Der Computer hat in jedem Satz ein Wort als falsch unterschlängelt. Hilf Petra und schreibe die Wörter richtig über den Text.

3. Aus Fehlern kannst du lernen. Untersuche die Fehler von Petra und erkläre die richtige Schreibweise.

Tabelle		
Fehler	**Erklärung**	**Fehlerart/Übung**
1		

Zusatzaufgaben

* Informiere dich über andere Winterblumen.
* Zeichne ein Schneeglöckchen.
* Übe mit den Fehlerwörtern sinnvoll weiter. Suche Petra die richtigen Übungen „So verbessere ich meine Rechtschreibfehler" heraus.

Winterblumen

Winterblumen (3)

| Auch im winter gibt es Blumen, die sich

gegen die Kälte durchsetzen und erblühen.

| Sicher hast du schon einmal die kleinen Weißen Schneeglöckchen gesehen.

| Sie wachsen im Garten oder auch im Walt und auf Wiesen.

| Die Blüte Sieht aus wie ein kleines Glöckchen.

Schneeglöckchen strecken ihre Köpfchen durch die Schneedecke und

| blühen somit miten im Winter.

| Die ersten Schneeglöckchen findesd du meist schon im Januar oder Februar bei uns.

| Halte auf deinem Schul Weg Ausschau nach ihnen.

| Aber Achtung, denn Schneeglöckchen sind Giftig.

(84 Wörter)

Tipp: Nimm dein Wörterbuch zur Hilfe!

1. **Lies den Text.**

2. **Petra hat einen Text über Winterblumen verfasst. Beim Kontrollieren hat ihre Lehrerin noch Fehler entdeckt. Hilf Petra und unterstreiche die 8 Fehlerwörter grün.**

3. **Schreibe die Wörter richtig über den Text.**

4. **Aus Fehlern kannst du lernen. Untersuche die Fehler von Petra und erkläre die richtige Schreibweise.**

Tabelle		
Fehler	**Erklärung**	**Fehlerart/Übung**
1		

5. **Übe mit den Fehlerwörtern sinnvoll weiter. Suche Petra die richtigen Übungen „So verbessere ich meine Rechtschreibfehler" heraus.**

Zusatzaufgaben
* Informiere dich über andere Winterblumen.
* Zeichne ein Schneeglöckchen.

Die kleinen Schneeflocken

die kleinen Schneeflocken (1) SÜ

Die kleinen Schneeflocken sitzen in den wolken N

und sehen hinab auf die Erde.

Alle straßen sind grau. N

Das wolen wir ändern, denken sie. S

Und eines nachts, als alles schläft, fallen sie Leise zur Erde hinab. A

Sie legen sich dicht zusammen auf die Äste der Beume, auf die Dächer der Heuser, ☺☺

auf die Straßen und Wege und auf die Autos.

Am nächsten Morgen freuen sich Desiree und Leon,

denn in dieser nacht hat es geschneit. N

(77 Wörter)

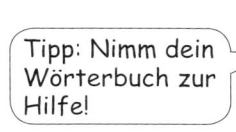

Tipp: Nimm dein Wörterbuch zur Hilfe!

1. Lies die Geschichte.

2. Lena hat eine schöne Wintergeschichte geschrieben. Der Computer hat einige Wörter als falsch unterschlängelt. Hilf Lena und schreibe die Wörter richtig über den Text.

3. Aus Fehlern kannst du lernen. Untersuche die Fehler von Lena und erkläre die richtige Schreibweise.

Tabelle		
Fehler	**Erklärung**	**Fehlerart/Übung**
1		SÜ

Zusatzaufgaben
* Schreibe weiter: Was bedecken die kleinen Schneeflocken noch alles in dieser Nacht der Träume und Wünsche?
* Übe mit den Fehlerwörtern sinnvoll weiter. Suche Lena die richtigen Übungen „So verbessere ich meine Rechtschreibfehler" heraus.

Die kleinen Schneeflocken

<u>die</u> kleinen Schneeflocken (2)

Die kleinen Schneeflocken sitzen in den <u>wolken</u>

und sehen hinab auf die Erde.

Es sieht so trostlos aus. Alle <u>straßen</u> sind grau.

Die <u>Beume</u> sind kahl und farblos.

Das <u>wolen</u> wir ändern, denken sie.

Und eines nachts, als alles schläft, fallen sie <u>Leise</u> zur Erde hinab.

Sie legen sich dicht zusammen auf die Äste der Bäume, auf die Dächer der <u>Heuser</u>,

auf die Straßen und Wege und auf die Autos.

Am nächsten Morgen freuen sich die Menschen über die <u>Weiße</u> Welt.

Die Augen von Desiree und Leon beginnen zu strahlen,

denn in dieser <u>nacht</u> hat es geschneit.

(100 Wörter)

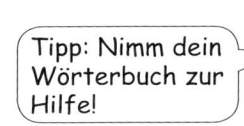

> Tipp: Nimm dein Wörterbuch zur Hilfe!

1. Lies die Geschichte.

2. Lena hat eine schöne Wintergeschichte geschrieben. Der Computer hat einige Wörter als falsch unterschlängelt. Hilf Lena und schreibe die Wörter richtig über den Text.

3. Aus Fehlern kannst du lernen. Untersuche die Fehler von Lena und erkläre die richtige Schreibweise.

Tabelle

Fehler	Erklärung	Fehlerart/Übung
1		

Zusatzaufgaben

* Schreibe weiter: Was bedecken die kleinen Schneeflocken noch alles in dieser Nacht der Träume und Wünsche?
* Übe mit den Fehlerwörtern sinnvoll weiter. Suche Lena die richtigen Übungen „So verbessere ich meine Rechtschreibfehler" heraus.

Die kleinen Schneeflocken

die kleinen Schneeflocken (3)

Die kleinen Schneeflocken sitzen in den wolken

und sehen hinab auf die erde.

Es sieht so trostlos aus. Alle straßen sind grau.

Die Beume sind kahl und farblos.

Das wolen wir ändern, denken sie.

Und eines nachts, als alles schläft, fallen sie Leise zur Erde hinab.

Sie legen sich dicht zusammen auf die Äste der Bäume, auf die Dächer der Heuser,

auf die Straßen und Wege und auf die Autos.

Am nächsten Morgen freuen sich die Menschen über die Weiße Welt.

Die Augen von Desiree und Leon beginnen zu strahlen,

denn in dieser nacht hat es geschneit.

(100 Wörter)

Tipp: Nimm dein Wörterbuch zur Hilfe!

1. Lies die Geschichte.

2. Lena hat eine schöne Wintergeschichte geschrieben. Beim Kontrollieren hat ihr Freund Tim noch 10 Fehler entdeckt. Hilf Lena und unterstreiche die 10 Fehlerwörter grün.

3. Schreibe die Wörter richtig über den Text.

4. Aus Fehlern kannst du lernen. Untersuche die Fehler von Lena und erkläre die richtige Schreibweise.

Tabelle		
Fehler	Erklärung	Fehlerart/Übung
1		

5. Übe mit den Fehlerwörtern sinnvoll weiter. Suche Lena die richtigen Übungen „So verbessere ich meine Rechtschreibfehler" heraus.

Zusatzaufgaben

* Schreibe weiter: Was bedecken die kleinen Schneeflocken noch alles in dieser Nacht der Träume und Wünsche?

Das Licht

Das Licht (1)

<u>inzwischen</u> ist es Winter geworden. **SÜ**

Draußen wird es früh dunkel, und die Menschen

leben zurückgezogen in ihren warmen <u>Heusern</u>. ☺☺

Nur ein kleiner <u>funke</u> hat noch kein Zuhause gefunden. **N**

Er springt durch die leeren Straßen, bis er auf einmal unter einer <u>brücke</u> **N**

stehen bleibt.

Dort <u>sitz</u> ein alter Mann. **V**

Vor ihm steht eine <u>Kleine</u> Kerze. **A**

Da springt der Funke zum <u>Kerzen Docht</u> und bringt die Kerze zum Leuchten. **N + N**

Heute Nacht bleibe ich bei dir, um dich zu wärmen, spricht der Funke

zum <u>Alten</u> Mann und leistet ihm Gesellschaft. **A**

(89 Wörter)

1. Lies die Geschichte.

2. Leon hat die Geschichte für seinen Opa auf dem Computer abgeschrieben.
   Der Computer hat ihm in jedem Satz ein Fehlerwort unterschlängelt.
   Hilf Leon und schreibe die Wörter richtig über den Text.

3. Aus Fehlern kannst du lernen. Untersuche die Fehler von Leon und erkläre
   die richtige Schreibweise.

Tabelle		
Fehler	**Erklärung**	**Fehlerart/Übung**
1		SÜ

> Tipp: Nimm dein Wörterbuch zur Hilfe!

Zusatzaufgaben
* Überlege: Was möchte Leon seinem Opa mit dieser Geschichte sagen?
* Male ein passendes Bild zur Geschichte für Leons Opa.
* Übe mit den Fehlerwörtern sinnvoll weiter. Suche Leon die richtigen Übungen „So verbessere ich meine Rechtschreibfehler" heraus.

Das Licht (2)

inzwischen ist es Winter geworden.

Draußen wird es früh dunkel, und die Menschen

leben zurückgezogen in ihren warmen Heusern.

Nur ein kleiner funke hat noch kein Zuhause gefunden.

Er springt durch die leeren Straßen, bis er auf einmal unter einer brücke stehen

bleibt. Dort sitz ein alter Mann. Vor ihm steht eine Kleine Kerze.

Da springt der Funke zum Kerzen Docht und bringt die Kerze zum Leuchten.

Heute Nacht bleibe ich bei dir, um dich zu wärmen, spricht der Funke

zum Alten Mann und leistet ihm Gesellschaft.

(89 Wörter)

Tipp: Nimm dein Wörterbuch zur Hilfe!

1. Lies die Geschichte.

2. Leon hat die Geschichte für seinen Opa auf dem Computer abgeschrieben. Der Computer hat ihm die Fehlerwörter unterschlängelt. Hilf Leon und schreibe die Wörter richtig über den Text.

3. Aus Fehlern kannst du lernen. Untersuche die Fehler von Leon und erkläre die richtige Schreibweise.

Tabelle		
Fehler	Erklärung	Fehlerart/Übung
1		

Zusatzaufgaben

* Überlege: Was möchte Leon seinem Opa mit dieser Geschichte sagen?
* Male ein passendes Bild zur Geschichte für Leons Opa.
* Übe mit den Fehlerwörtern sinnvoll weiter. Suche Leon die richtigen Übungen „So verbessere ich meine Rechtschreibfehler" heraus.

Das Licht

Das Licht (3)

| inzwischen ist es Winter geworden.

Draußen wird es früh dunkel, und die Menschen

| leben zurückgezogen in ihren warmen Heusern.

| Nur ein kleiner funke hat noch kein Zuhause gefunden.

| Er springt durch die leeren Straßen, bis er auf einmal unter einer brücke

|| stehen bleibt. Dort sitz ein alter Mann. Vor ihm steht eine Kleine Kerze.

| Da springt der Funke zum Kerzen Docht und bringt die Kerze zum Leuchten.

Heute Nacht bleibe ich bei dir, um dich zu wärmen, spricht der Funke

| zum Alten Mann und leistet ihm Gesellschaft.

(89 Wörter)

Tipp: Nimm dein Wörterbuch zur Hilfe!

1. Lies die Geschichte.

2. Leon hat die Geschichte für seinen Opa abgeschrieben. Beim Kontrollieren hat seine Mutter in jedem Satz noch einen Fehler entdeckt. Hilf Leon. Unterstreiche die 8 Fehlerwörter grün.

3. Schreibe die Wörter richtig über den Text.

4. Aus Fehlern kannst du lernen. Untersuche die Fehler von Leon und erkläre die richtige Schreibweise.

Tabelle		
Fehler	Erklärung	Fehlerart/Übung
1		

5. Übe mit den Fehlerwörtern sinnvoll weiter. Suche Leon die richtigen Übungen „So verbessere ich meine Rechtschreibfehler" heraus.

Zusatzaufgaben

* Überlege: Was möchte Leon seinem Opa mit dieser Geschichte sagen?
* Male ein passendes Bild zur Geschichte für Leons Opa.

Weihnachten in anderen Ländern

Weihnachten in anderen Ländern (1)

Weihnachten wird in vielen Ländern unterschiedlich gefeiert.

In Frankreich trifft sich die ganze Familie am

Weihnachts Abend zu einem großen Festessen. [N]+[N]

Erst am nächsten morgen findet die Bescherung statt. [N]

Die geschenke bringt „Père Noël" durch den Kamin. [N]

Auch in England kommt der Weihnachtsmann durch den Schornstein.

Er versteckd seine Geschenke in den Strümpfen, die über dem Kamin hängen. [V]

In Italien stehd in jedem Haus eine Weihnachtskrippe. [V]

Sie ist dort wichtiger als der Weihnachts Baum. [N]+[N]

(78 Wörter)

Tipp: Nimm dein Wörterbuch zur Hilfe!

1. Lies den Text.

2. Katja und Maike haben sich erkundigt, wie Weihnachten in anderen Ländern gefeiert wird. Der Computer hat einige Wörter als falsch unterschlängelt. Hilf den Geschwistern und schreibe die Wörter richtig über den Text.

3. Aus Fehlern kannst du lernen. Untersuche die Fehler von Katja und Maike und erkläre die richtige Schreibweise.

Tabelle		
Fehler	**Erklärung**	**Fehlerart/Übung**
1		[N]+[N]

Zusatzaufgaben

* Inzwischen sind die Geschwister groß und leben mit ihren Familien in Australien und Neuseeland. Erkundige dich, wie in diesen Ländern Weihnachten gefeiert wird.
* Übe mit den Fehlerwörtern sinnvoll weiter. Suche Katja und Maike die richtigen Übungen „So verbessere ich meine Rechtschreibfehler" heraus.

Weihnachten in anderen Ländern

Weihnachten in anderen Ländern (2)

Weihnachten wird in vielen Ländern unterschiedlich gefeiert.

In Frankreich trifft sich die ganze Familie am

Weihnachts Abend zu einem großen Festessen.

Erst am nächsten morgen findet die Bescherung statt.

Die geschenke bringt „Père Noël" durch den Kamin.

Auch in England kommt der Weihnachtsmann durch den Schornstein.

Er versteckd seine Geschenke in den Strümpfen, die über dem Kamin hängen.

In Italien stehd in jedem Haus eine Weihnachtskrippe.

Sie ist dort wichtiger als der Weihnachts Baum.

In Spanien trefen sich die Menschen nach der Mitternachtsmesse auf dem Dorf Platz.

Dann findet ein Weihnachtsumzug statt.

(96 Wörter)

Tipp: Nimm dein Wörterbuch zur Hilfe!

1. Lies den Text.
2. Katja und Maike haben sich erkundigt, wie Weihnachten in anderen Ländern gefeiert wird. Der Computer hat einige Wörter als falsch unterschlängelt. Hilf den Geschwistern und schreibe die Wörter richtig über den Text.
3. Aus Fehlern kannst du lernen. Untersuche die Fehler von Katja und Maike und erkläre die richtige Schreibweise.

Tabelle		
Fehler	**Erklärung**	**Fehlerart/Übung**
1		

Zusatzaufgaben

* Inzwischen sind die Geschwister groß und leben mit ihren Familien in Australien und Neuseeland. Erkundige dich, wie in diesen Ländern Weihnachten gefeiert wird.
* Übe mit den Fehlerwörtern sinnvoll weiter. Suche Katja und Maike die richtigen Übungen „So verbessere ich meine Rechtschreibfehler" heraus.

Weihnachten in anderen Ländern (3)

Weihnachten wird in vielen Ländern unterschiedlich gefeiert.

| In Frankreich trifft sich die ganze Familie am Weihnachts Abend
| zu einem großen Festessen. Erst am nächsten morgen
| findet die Bescherung statt. Die geschenke bringt
„Père Noël" durch den Kamin. Auch in England kommt
| der Weihnachtsmann durch den Schornstein. Er versteckd seine Geschenke
| in den Strümpfen, die über dem Kamin hängen. In Italien stehd in jedem Haus
| eine Weihnachtskrippe. Sie ist dort wichtiger als der Weihnachts Baum.
|| In Spanien trefen sich die Menschen nach der Mitternachtsmesse auf dem Dorf Platz.
| Dann finded ein Weihnachtsumzug statt.
In Griechenland gehen die Kinder am Weihnachtsabend von Haus zu Haus
und singen Weihnachtslieder.
| Dafür bekomen sie Feigen, Rosinen und Plätzchen.

(117 Wörter)

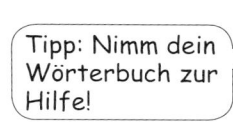

Tipp: Nimm dein Wörterbuch zur Hilfe!

1. Lies den Text.
2. Katja und Maike haben sich erkundigt, wie Weihnachten in anderen Ländern gefeiert wird. Beim Lesen hat ihre große Schwester noch 10 Fehler entdeckt und sie am Rand markiert. Hilf den Geschwistern. Unterstreiche die 10 Fehlerwörter grün.
3. Schreibe die Wörter richtig über den Text.
4. Aus Fehlern kannst du lernen. Untersuche die Fehler von Katja und Maike und erkläre die richtige Schreibweise.

Tabelle		
Fehler	**Erklärung**	**Fehlerart/Übung**
1		

5. Übe mit den Fehlerwörtern sinnvoll weiter. Suche Katja und Maike die richtigen Übungen „So verbessere ich meine Rechtschreibfehler" heraus.

Zusatzaufgaben

* Inzwischen sind die Geschwister groß und leben mit ihren Familien in Australien und Neuseeland. Erkundige dich, wie in diesen Ländern Weihnachten gefeiert wird.

Der dankbare Riese

Der dankbare Riese (1)

Im Walt sitzt schon seit langer Zeit ein Riese. ☺☺

An einen Baumstamm gelehnt sitz er müde und traurig V

auf dem weichen Waldboden.

Er hat keinen Freunt. ☺☺

jeder fürchtet sich vor ihm wegen seiner SÜ

Größe und seines Aussehens.

Eines Tages kommt ein Kleiner Vogel geflogen. A

Und da er den Riesen nicht erkennt, setzt er sich direkt auf dessen breites knie. N

Er denkt, er säße auf einem Baum Stamm. N + N

Fröhlich Pfeift der kleine Spatz vor sich hin. V

Verwundert blickt der Riese auf den Mutigen kleinen Freund A

und schließt ihn sofort in sein Herz.

(94 Wörter)

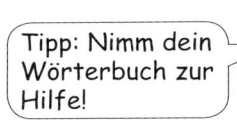

Tipp: Nimm dein Wörterbuch zur Hilfe!

1. Lies die Geschichte.

2. Desiree hat eine Geschichte für ihre Oma geschrieben. Der Computer hat ihr die Fehlerwörter unterschlängelt. Hilf Desiree und schreibe die Wörter richtig über den Text.

3. Aus Fehlern kannst du lernen. Untersuche die Fehler von Desiree und erkläre die richtige Schreibweise.

Tabelle		
Fehler	**Erklärung**	**Fehlerart/Übung**
1		☺☺

Zusatzaufgaben

* Male ein Bild zur Geschichte für Desirees Oma.
* Übe mit den Fehlerwörtern sinnvoll weiter. Suche Desiree die richtigen Übungen „So verbessere ich meine Rechtschreibfehler" heraus.

Der dankbare Riese

Der dankbare Riese (2)

Im Walt sitzt schon seit langer Zeit ein Riese.

An einen Baumstamm gelehnt sitz er müde und traurig

auf dem weichen Waldboden. Er hat keinen Freunt.

jeder fürchtet sich vor ihm wegen seiner Größe und

seines Aussehens. Eines Tages kommt ein Kleiner

Vogel geflogen. Und da er den Riesen nicht erkennt,

setzt er sich direkt auf dessen breites knie. Er denkt, er säße

auf einem Baum Stamm. Fröhlich Pfeift der kleine Spatz vor sich hin.

Verwundert blickt der Riese auf den Mutigen kleinen Freund.

Zunächst wil er ihn packen. Aber dan rührt ihn der Mut des kleinen Vogels an.

Und so werden die beiden Dicke Freunde, und der Riese fühlt sich nicht mehr alleine.

(117 Wörter)

Tipp: Nimm dein Wörterbuch zur Hilfe!

1. Lies die Geschichte.

2. Desiree hat eine Geschichte für ihre Oma geschrieben. Der Computer hat ihr die Fehlerwörter unterschlängelt. Hilf Desiree und schreibe die Wörter richtig über den Text.

3. Aus Fehlern kannst du lernen. Untersuche die Fehler von Desiree und erkläre die richtige Schreibweise.

Tabelle		
Fehler	**Erklärung**	**Fehlerart/Übung**
1		

Zusatzaufgaben
* Male ein Bild zur Geschichte für Desirees Oma.
* Übe mit den Fehlerwörtern sinnvoll weiter. Suche Desiree die richtigen Übungen „So verbessere ich meine Rechtschreibfehler" heraus.

Der dankbare Riese

Der dankbare Riese (3)

| Im Walt sitzt schon seit langer Zeit ein Riese.
| An einen Baumstamm gelehnt sitz er müde und traurig
| auf dem weichen Waldboden. Er hat keinen Freunt.
  Jeder fürchtet sich vor ihm wegen seiner Größe und seines Aussehens.
| Eines Tages kommt ein Kleiner Vogel geflogen.
  Und da er den Riesen nicht erkennt, setzt er sich
| direkt auf dessen breites knie. Er denkt, er säße
|| auf einem Baum Stamm. Fröhlich Pfeift der kleine Spatz vor sich hin.
| Verwundert blickt der Riese auf den Mutigen kleinen Freund.
| Zunächst will er ihn packen. Aber dan rührt ihn der Mut des kleinen Vogels an.
  Er ist der Erste, der sich so nah an ihn herantraut.
| Ruhig bleibt der riese sitzen und lauscht freudig dem Vogelgesang.
| Seit diesem tag fliegt der Vogel regelmäßig zum Riesen und leistet ihm Gesellschaft.
| Die beiden werden Dicke Freunde und der Riese fühlt sich nicht mehr alleine.

(117 Wörter)

1. Lies die Geschichte.
2. Desiree hat eine Geschichte für ihre Oma geschrieben. Beim Kontrollieren hat Papa Percy noch 12 Fehler entdeckt und sie am Rand markiert. Hilf Desiree und unterstreiche die Fehlerwörter grün.
3. Schreibe die Wörter richtig über den Text.
4. Aus Fehlern kannst du lernen. Untersuche die Fehler von Desiree und erkläre die richtige Schreibweise.

   Tipp: Nimm dein Wörterbuch zur Hilfe!

   Tabelle

Fehler	Erklärung	Fehlerart/Übung
1		

5. Übe mit den Fehlerwörtern sinnvoll weiter. Suche Desiree die richtigen Übungen „So verbessere ich meine Rechtschreibfehler" heraus.

Zusatzaufgabe

* Male ein Bild zur Geschichte für Desirees Oma.

Das Seeungeheuer im Rhein

Das Seeungeheuer im Rhein (1)

Nils blickte angespannt auf das Waser des großen **S**

breiten Flusses, der durch seine Stadt führte.

da tauchte es wieder auf. **SÜ**

Ein Langer brauner Hals. **A**

Ein schmaler Kopf mit breitem gefährlichen Munt schwamm genau ☺☺

auf das große Frachtschiff zu.

Eine hohe Wele umspülte die Gestalt im Wasser. **S**

Das Schif fuhr weiter, als sei nichts geschehen. ☺☺

Doch wo war das Ungetüm? Da sah Nils am Ende des Schiffes

zwei dicke Äste im Wasser schwimen. **S**

Es waren der Kopf und der Hals seines Seeungeheuers.

und Nils begriff, dass Dinge manchmal nicht das sind, **SÜ**

als was sie uns auf den ersten Blick erscheinen.

(103 Wörter)

1. Lies die Geschichte.

   Tipp: Nimm dein Wörterbuch zur Hilfe!

2. Nils hat seine Geschichte aufgeschrieben. Der Computer hat einige Wörter als falsch unterschlängelt. Hilf Nils und schreibe die Wörter richtig über den Text.

3. Aus Fehlern kannst du lernen. Untersuche die Fehler von Nils und erkläre die richtige Schreibweise.

Tabelle		
Fehler	**Erklärung**	**Fehlerart/Übung**
1		S

Zusatzaufgaben
* Male das Seeungeheuer.
* Übe mit den Fehlerwörtern sinnvoll weiter. Suche Nils die richtigen Übungen „So verbessere ich meine Rechtschreibfehler" heraus.

Das Seeungeheuer im Rhein

das Seeungeheuer im Rhein (2)

Da war es wieder. Er sah es ganz deutlich.

Imer wieder sprachen die Leute von angeblichen

Rheinungeheuern. doch diesmal war sich Nils ganz

sicher, selbst eines entdeckt zu haben. Da tauchte es wieder auf.

Ein Langer brauner Hals. Ein schmaler Kopf mit breitem gefährlichen

Munt schwamm genau auf das große Frachtschiff zu.

Eine hohe Welle umspülte die Gestalt im Waser.

Das Schif fuhr weiter, als sei nichts geschehen. Doch wo war das Ungetüm?

Da sah Nils am Ende des Schiffes zwei dicke Äste im Wasser schwimen.

Es waren der kopf und der Hals seines Seeungeheuers.

und Nils begriff, dass Dinge manchmal nicht das sind, als was sie uns auf

den ersten Blick erscheinen.

(117 Wörter)

1. Lies die Geschichte.

2. Nils hat seine Geschichte aufgeschrieben. Der Computer hat einige Wörter als falsch unterschlängelt. Hilf Nils und schreibe die Wörter richtig über den Text.

   Tipp: Nimm dein Wörterbuch zur Hilfe!

3. Aus Fehlern kannst du lernen. Untersuche die Fehler von Nils und erkläre die richtige Schreibweise.

Tabelle

Fehler	Erklärung	Fehlerart/Übung
1		

Zusatzaufgaben
* Male das Seeungeheuer.
* Übe mit den Fehlerwörtern sinnvoll weiter. Suche Nils die richtigen Übungen „So verbessere ich meine Rechtschreibfehler" heraus.

Das Seeungeheuer im Rhein

das Seeungeheuer im Rhein (3)

Da war es wieder. Er sah es ganz deutlich.
| Immer wieder kam es aus den Welen hervor,
um gleich darauf wieder unterzutauchen.
| Nils blickte angespannt auf das Waser des großen breiten
| Flusses, der durch seine Stadt führte. Imer wieder sprachen die Leute
von angeblichen Rheinungeheuern. Doch diesmal war er sich ganz sicher,
selbst eines entdeckt zu haben. Wie angewurzelt blieb er stehen.
| Da tauchte es wieder auf. Ein Langer brauner Hals. Ein schmaler Kopf mit breitem
| gefährlichen Munt schwamm genau auf das große Frachtschiff zu.
Eine hohe Welle umspülte die Gestalt im Wasser.
| Das Schif fuhr weiter, als sei nichts geschehen. Doch wo war das Ungetüm?
| Da sah Nils am Ende des Schiffes zwei dicke Äste im Wasser schwimen.
| Es waren der kopf und der Hals seines Seeungeheuers.
| und Nils begriff, dass Dinge manchmal nicht das sind, als was sie uns auf
den ersten Blick erscheinen.

(150 Wörter)

Tipp: Nimm dein Wörterbuch zur Hilfe!

1. **Lies die Geschichte.**
2. **Nils hat seine Geschichte aufgeschrieben. Beim Kontrollieren hat seine Lehrerin noch 10 Fehler entdeckt. Hilf ihm. Unterstreiche die Fehlerwörter grün.**
3. **Schreibe die Wörter richtig über den Text.**
4. **Aus Fehlern kannst du lernen. Untersuche die Fehler von Nils und erkläre die richtige Schreibweise.**

Tabelle		
Fehler	**Erklärung**	**Fehlerart/Übung**
1		

5. **Übe mit den Fehlerwörtern sinnvoll weiter. Suche Nils die richtigen Übungen „So verbessere ich meine Rechtschreibfehler" heraus.**

Zusatzaufgabe
* Male das Seeungeheuer.

Tabelle

Fehler	Erklärung	Fehlerart/Übung

Beobachtungsbogen zur Bewertung des kommentierten Diktates

Übersicht über mögliche Kompetenzen

Name: _____

Erworbene Kompetenzen	☺	😐	☹
… kann Wörter auf Richtigkeit überprüfen und korrigieren, erkennt Fehler, verfügt über Rechtschreibgespür			
… kann Fehler kategorisieren und erklären und Fehlerwörter sinnvoll üben			
… kann Regeln der Groß- und Kleinschreibung anwenden			
… erkennt Wortarten und kennt deren Begriffe			
… kann Wörter richtig ableiten, erkennt Wortverwandtschaften			
… verwendet das Wörterbuch als Rechtschreibhilfe			
… schreibt Wörter richtig aus dem Wörterbuch ab			
… verfügt über/kennt/wendet grundlegende Rechtschreibstrategien an: ableiten, verlängern, Mehrzahlbildung, steigern, Silbenzerlegung			
… kennt Möglichkeiten der Wortbildung, hat Gespür für den Aufbau von Wörtern			
… kann Rechtschreibstrategien verbalisieren, findet sinnvolle Begründungen			
… erkennt Rechtschreibfehler im Sinnzusammenhang des Textes, verfügt über grammatikalische Einsichten			
* … kann persönlichen Bezug zum Gelesenen herstellen, eigene Gedanken formulieren			
Weitere Anmerkungen			

Auch als Zeugnisformulierungen verwendbar.

Vorschläge zur Punkteverteilung und Bewertung

Damit das berichtigte Wort im Textzusammenhang bestehen bleibt, sollte es immer über dem Text berichtigt werden: Das falsche Wort wird durchgestrichen und darüber die verbesserte Schreibweise gesetzt, oder der Fehlersatz wird komplett abgeschrieben.
Eine andere Möglichkeit wäre, mit dem verbesserten Wort einen neuen Satz zu bilden, in dem es in der vorgefundenen und nun berichtigten Schreibweise wieder auftaucht.
Bei der Fehlerkategorisierung in der Tabelle (Aufgabe 3) sollten die Fehler durchnummeriert werden, z. B. F1, F2 usw.

Punkteverteilung

Anforderungsbereich	Punktevorschlag
Richtige Schreibweise (Wort durchstreichen und richtig drüberschreiben)	1 Punkt
* Richtige Schreibweise: Abschrift des ganzen Satzes	2 Punkte, da erhöhte Fehlerquelle
* Richtige Schreibweise: Fehlerwort in neuen Satz einbetten.	2 Punkte, da erhöhter Schwierigkeitsgrad
Erklärung der Schreibweise mit sinnvoller Rechtschreibstrategie	1–2 Punkte, je nach Fehleranalyse und Ausführlichkeit
* zwei weitere Beispiele	1–2 Punkte, je nach Fehler und Schwierigkeit

* zusätzliche Differenzierung

Bewertung

Beispiel: Kommentiertes Diktat mit 10 Fehlern

Punkte	Note
20	sehr gut
19–17	gut
16–14	befriedigend
13–10	ausreichend
9–6	mangelhaft
5–0	ungenügend

Bewertung des kommentierten Diktates nach Kompetenzbereichen

Richtig Schreiben	Rechtschreibstrategie	*Rechtschreibbeispiele
Du hast das Fehlerwort erkannt und berichtigt. *und beim Abschreiben/ Schreiben der Sätze ____ Fehler gemacht.	Du hast eine sinnvolle Begründung/Erklärung gefunden. Du hast den Fehler gut analysiert/untersucht. Du kannst Rechtschreibhilfen (Wörterbuch) verwenden.	Du hast den Rechtschreibfall erkannt und ähnliche Beispiele gefunden. Du hast eine sinnvolle Übung zu den Fehlerwörtern durchgeführt.
Punkte: /	Punkte: /	*Punkte: /
Du hast ___ Punkte von ___ Punkten erreicht. Note:		

Dieses Bewertungsschema kann als Kopie unter die Leistungskontrolle geklebt werden.

Alternatives Bewertungsschema

Alternatives Bewertungsschema zum kommentierten Diktat
Rückmeldung an Schüler/in durch Lehrer/in

Das kannst du	☺	😐	☹
Punkte	**3**	**2**	**1**
Du erkennst Fehler im Text.			
Du kannst Fehler sauber berichtigen.			
Du kannst Fehler einordnen und erklären.			
Du erkennst Wortarten und kennst die Regeln der Groß- und Kleinschreibung.			
Du kannst Wörter ableiten und verlängern.			
Du kannst sinnvoll mit den Fehlerwörtern üben.			
* Du nimmst das Wörterbuch zur Hilfe.			
* Du kannst den Satz fehlerfrei abschreiben.			
* Du kannst eigene Sätze mit dem Fehlerwort richtig bilden.			
* Du findest passende Beispiele zu den Rechtschreibfällen.			
Tipps zum Üben:			

Nicht zu viele Kompetenzen aufnehmen, sondern sich auf 5 bis 6 beschränken.

Schülerselbstreflexion

Name:	Klasse:	Datum:

Richtig schreiben mit Rechtschreibstrategien

Das kann ich	😊	😐	☹️
Ich erkenne Fehler im Text.			
Ich kann Fehler sauber berichtigen.			
Ich nehme das Wörterbuch zur Hilfe.			
Ich erkenne Wortarten und kenne die Regeln der Groß- und Kleinschreibung.			
Ich kann Wörter ableiten und verlängern.			
Ich kann Fehler einordnen und erklären.			
Ich helfe mir mit Rechtschreibhilfen und Rechtschreibregeln.			
Ich kann mit Fehlerwörtern sinnvoll üben.			

Das nehme ich mir vor:

1. Ziel: _____

2. Ziel: _____

Unterschrift Schüler/in: _____ Unterschrift Lehrer/in: _____

Das Rechtschreibhaus

Das Rechtschreibhaus dient dazu, Schülerinnen und Schülern die Rechtschreibstrukturen bildhaft zu verdeutlichen.
Sie können daran mit den Kindern nach und nach erarbeiten, welche Kenntnisse und Fähigkeiten sie auf dem Weg zum richtigen Schreiben erlernen müssen.
Das in diesem Band enthaltene Rechtschreibhaus Stufe 2 baut auf dem Rechtschreibhaus für Stufe 1 aus Band 1 auf und ist den Kindern gegebenenfalls bereits bekannt.

Im Erdgeschoss des Hauses sind noch einmal die wesentlichen Grundvoraussetzungen dargestellt, die jedes Kind benötigt, um richtig schreiben zu erlernen: Es muss richtig sprechen, genau hören und richtig sehen können, um in der Lage zu sein, Buchstaben zu erkennen und Buchstabenverbindungen richtig zu lesen.

Ist dieser Grundstein gelegt, geht es im 1. Stockwerk zunächst um das richtige Schreiben von Buchstaben und schließlich das richtige Abschreiben von Buchstabenverbindungen, d.h. von einzelnen Wörtern. Eine erste Strategie zum richtigen Lesen und Schreiben ist das Erkennen von Silben. Ein Wort wird klatschend in Silben zerlegt und geschwungen, um es anschließend Silbe für Silbe leise mitsprechend aufzuschreiben.

Beim darüberliegenden Symbol des Rechtschreibhauses geht es um das Erkennen und Unterscheiden der Groß- und Kleinschreibung einzelner Wörter. Die Lehrkraft vermittelt den Kindern zunächst, dass alle Namen großgeschrieben werden. Unterstützend führt sie den Begriff „Namenwörter" ein. Ein weiteres Ziel besteht nun darin, dass die Kinder lernen, Wortgrenzen einzuhalten und Wörter mit genügend Abstand (Radiergummimaß) auseinanderzuschreiben.
Das nächste Fenster symbolisiert die Fähigkeiten, Satzanfänge zu erkennen und das Wort am Satzanfang großzuschreiben sowie Punkte am Ende eines Satzes zu setzen, welche möglichst Ziel des 1. Schuljahres sein sollten.

Das nun folgende Obergeschoss baut auf diesen Grundlagen auf und wird in diesem Band schwerpunktmäßig in der Rechtschreibarbeit und dem kommentierten Diktat berücksichtigt.
Sollte der Verbenbaum bereits eingeführt sein, so werden die Kinder das Symbol sicherlich schnell im 2. Stockwerk des Rechtschreibhauses erkennen und zuordnen können. Das Fenster für Lernwörter steht für alle Wörter, die vom Wortbild her einfach auswendig erlernt werden müssen – z. B. und, dann, mit, Vogel, Computer –, da sie sich nicht eindeutigen Rechtschreibstrategien zuordnen lassen.
Der Umgang mit dem Wörterbuch und das Erkennen und Unterscheiden von Wiewörtern vervollständigen das Rechtschreibhaus für die Klassenstufe 2. Die drei angedeuteten Treppenstufen verdeutlichen die Steigerungsformen von Adjektiven.

Es ist sinnvoll, die einzelnen Stockwerke des Rechtschreibhauses mit den Kindern nach und nach zu erarbeiten und das Rechtschreibhaus allmählich in der Klasse aufzubauen. Auch sollte jedes Kind ein Rechtschreibhaus als Kopie erhalten. Zur Eigenreflexion können die Schülerinnen und Schüler die einzelnen Fenster in den Ampelfarben (grün = darin bin ich sicher/das kann ich sicher, gelb = das kann ich, rot = das muss ich noch üben) ausmalen.

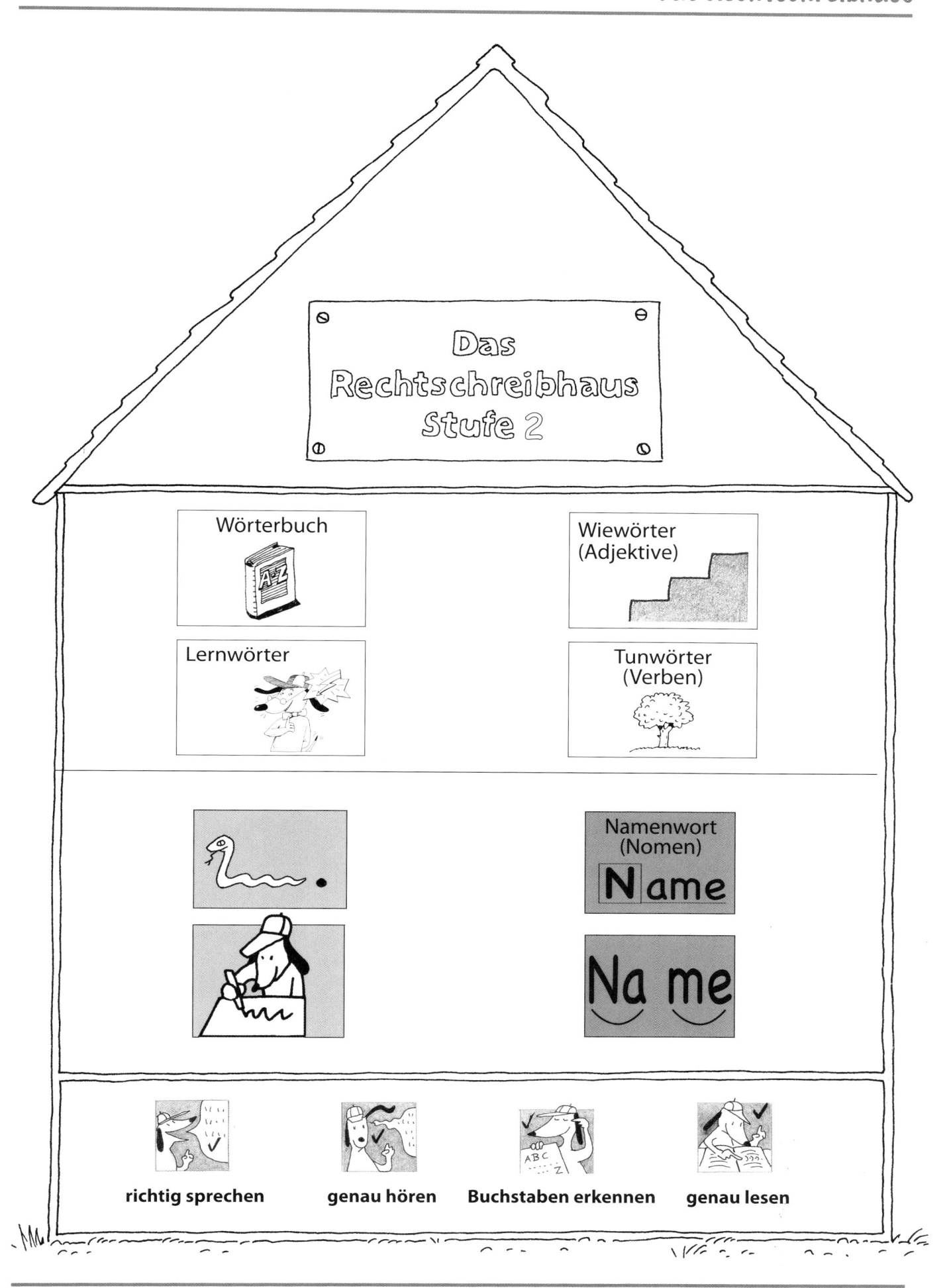

Das Rechtschreibhaus

Das Rechtschreibhaus Stufe 2

- Wörterbuch
- Wiewörter (Adjektive)
- Lernwörter
- Tunwörter (Verben)

Namenwort (Nomen)

N ame

Na me

richtig sprechen   genau hören   Buchstaben erkennen   genau lesen

Der Verbenbaum

Der Verbenbaum dient den Kindern zum Erkennen des Wortstamms.
Im Wurzelwerk soll jeweils die Grundform des Verbs stehen.
Bei der Arbeit mit dem Verbenbaum ist es wichtig, dass die Lehrkraft
auch auf die Ausnahmen hinweist.

Anhand des Baums lässt sich außerdem sehr anschaulich das Grundschema
des Konjugierens erklären. Gerade für Kinder, die Deutsch als Fremd- bzw.
Zweitsprache erlernen, ist der Baum mit den Endungen eine wertvolle Hilfe
beim Bilden der Personalformen der Verben. Er sollte deshalb immer wieder
zum Üben herangezogen werden.

Denkbar ist es, mit den Kindern eine Sammlung von Verbenbäumen mit
unterschiedlichen Verben zu gestalten und diese eventuell auch in der Klasse
auszuhängen. Jedes Kind sollte jedoch auch seinen eigenen Verbenbaum
vorliegen haben, den es bei Bedarf immer wieder hervorholen kann.
Die Bäume können auch auf stabile Pappe geklebt und bunt ausgestaltet
werden.

Im Rechtschreibhaus taucht das Symbol des Baums als Erinnerung an die
mögliche Veränderung der Verben auf.

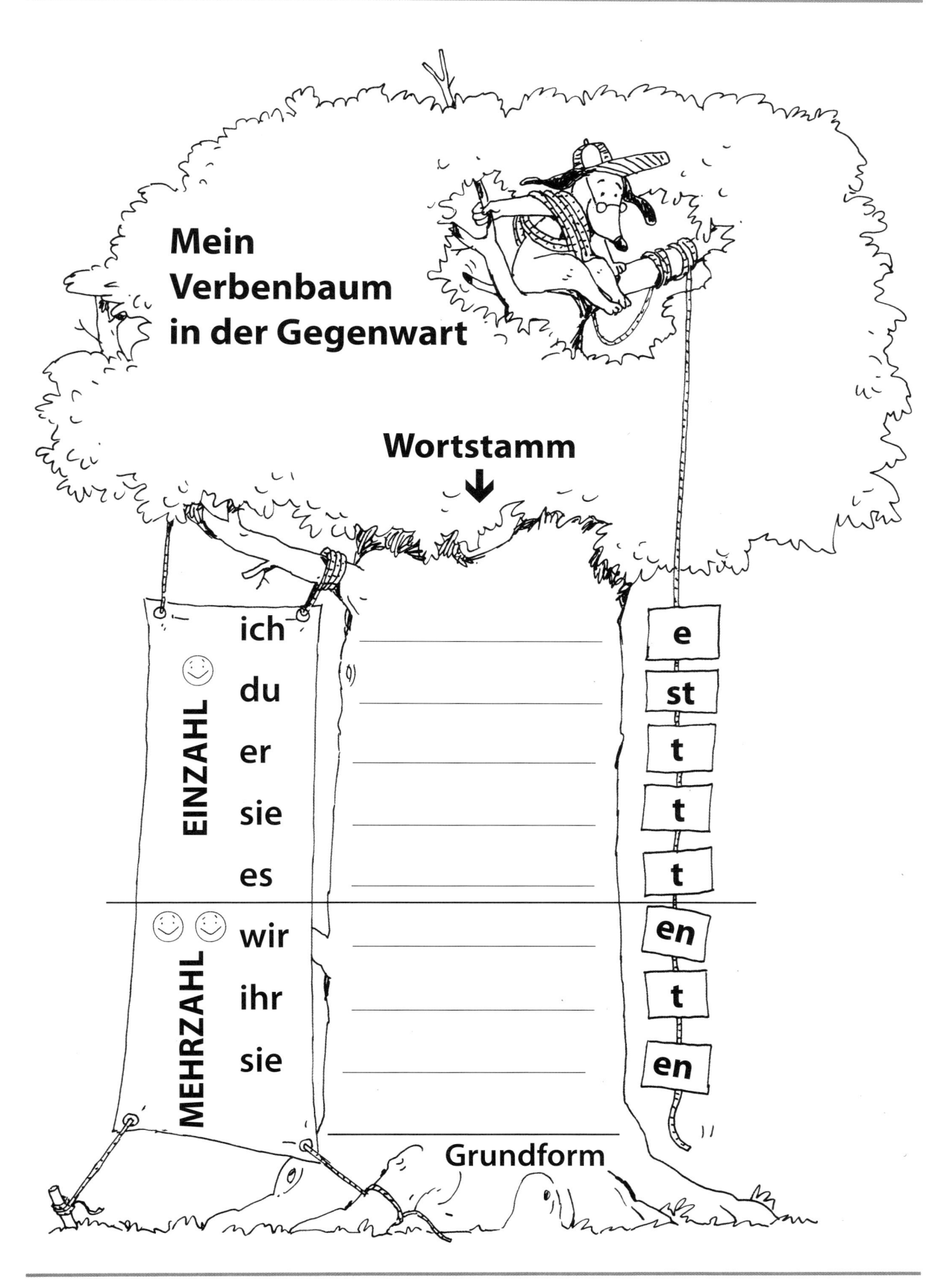

Der Verbenbaum

Mein Verbenbaum in der Gegenwart

Wortstamm ⬇

EINZAHL 🙂
- ich _____
- du _____
- er _____
- sie _____
- es _____

MEHRZAHL 🙂🙂
- wir _____
- ihr _____
- sie _____

_____ Grundform

e
st
t
t
t
en
t
en

Rechtschreibdetektive

Rechtschreibdetektive sind den Wörtern auf der Spur

Regelmäßiges tägliches Üben mit dem sogenannten „Wort des Tages" trainiert die Kinder, jeweils ein Wort gezielt unter die Lupe zu nehmen.
Hierfür wählt die Lehrkraft ein ihr geeignet erscheinendes Wort aus dem aktuellen Wortschatz aus. Das Spiel kann mit Wettbewerbscharakter in Einzel-, Partner- oder Gruppenarbeit durchgeführt werden. Kinder übertragen die hier entdeckten Wortstrukturen bald sicherer auf immer mehr Wörter.

Das vorliegende Arbeitsblatt ist in der Struktur ähnlich aufgebaut wie das Rechtschreibhaus. Zunächst geht es um das Durchgliedern und Zerlegen des Wortes in Silben. Die Silbenanzahl wird in das Kästchen eingetragen und das Wort darunter in Silben zerlegt aufgeschrieben.

Die Kinder bestimmten die Wortart durch Ankreuzen des richtigen Feldes und füllen dieses aus: Nomen werden in Einzahl und Mehrzahl mit Artikel aufgeschrieben und zusammengesetzte Nomen auseinandergebaut bzw. gefunden. Hier dürfen die Schüler und Schülerinnen auch kreativ sein und Wortneuschöpfungen erfinden, sofern sie diese erklären können.
Verben werden in den angegebenen Personalformen konjugiert und Adjektive in den Steigerungsstufen aufgeschrieben.

Durch diese Übung erhalten die Kinder Einsicht in Wortverwandtschaft, Verlängerung und Ableitung, die ihnen als Rechtschreibstrategien hilfreich sein werden.

Leistungsstärkere Kinder suchen weitere verwandte Wörter und bilden als Differenzierung einen Satz mit dem Wort. Hierbei darf das Wort auch verändert werden.

Da das Spiel mit Auswertung und Kontrolle ca. 10–15 Minuten in Anspruch nimmt, ist es auch denkbar, „Wort des Tages" in „Wort/Wörter der Woche" umzubenennen. Die ersten Plätze könnten in der Klasse ausgehängt werden. Sammelt man die Arbeitsblätter ein und klebt sie nach Durchsicht auf Richtigkeit auf eine Karteikarte, lässt sich daraus eine Klassenkartei mit durchgecheckten Wörtern erstellen, die der Klasse jederzeit zur Verfügung stehen sollte.

Sinnvoll ist es dann wiederum, die Karten im Anschluss mit den Symbolen für Nomen, Verb, Adjektiv und Restwörter zu kennzeichnen. Sie können damit jederzeit weitere Übungen durchführen. Durch genaues Hinsehen werden die Kinder zum Beispiel allmählich typische Wortbausteine der Nomen, Adjektive usw. entdecken.

Eine Alternative zu der mit dem Üben verbundenen Kopierflut besteht darin, eine laminierte Blankokarte anzufertigen, auf die dann jeweils mit Folienstift das Wort geschrieben wird.

Eine weitere Alternative oder auch Ergänzung stellt der Wortcheck in Form des Raketenspiels (S. 104–106) dar.

Wort des Tages

Rechtschreibdetektive sind den Wörtern auf der Spur

Silben: ☐

Wort des Tages

_____

***Satz:**

_____

_____

***verwandte Wörter:**

_____

_____

Wortart:

◯ Namenwort (Nomen)　　◯ Tunwort (Verb)　　◯ Wiewort (Adjektiv)

ich _____

du _____

er _____

wir _____

☺

☺☺

N + N

Plan zum Üben der Lernwörter

Plan zum Üben der Lernwörter

Damit die Kinder nicht durch die Fülle des Übungsplans erschlagen bzw. demotiviert werden, liegen hier zwei Varianten vor. Plan 1 eignet sich durchaus schon für leistungsstarke Kinder Ende des 1. Schuljahres.
Die Aufgaben 1 bis 5 sollten möglichst von jedem Kind, auch mithilfe des Wörterbuches, bearbeitet werden. Die Lehrperson entscheidet, wie weit das Kind den Plan durcharbeiten muss.
Durch die Aufgabenvielfalt sind genug Differenzierungsmöglichkeiten gegeben. Die dargestellten Übungen wiederholen sich im Aufbau immer wieder und werden von den Kindern u. a. beim „Wort des Tages", dem Raketenspiel und den Rechtschreibstrategien schnell wiedererkannt.

Mein Plan zum Üben der Lernwörter (1)

Kreuze an, was du bearbeitet hast!

☐ 1. Lies alle Lernwörter (LW).

☐ 2. Klatsche die LW in Silben und male Silbenbögen unter die LW.

☐ 3. Unterstreiche alle Namenwörter (Nomen) blau.
Unterstreiche alle Tunwörter (Verben) rot.
Unterstreiche alle Wiewörter (Adjektive) grün.
Unterstreiche alle Restwörter (Sackwörter) braun.

☐ 4. Schreibe alle LW nach Silben getrennt auf.

☐ 5. Schreibe alle LW richtig in dein Heft ab.

☐ 6. Schreibe alle Namenwörter mit Begleiter in der Einzahl und Mehrzahl auf.

☐ 7. Schreibe alle Tunwörter in allen Personalformen auf.   ich …, du …, er …, wir …

☐ *8. Denk dir Wortbilder als Gedächtnisstütze zu den LW aus.   z. B.

☐ *9. So kannst du weiterüben: Geheimschrift, Purzelwörter, Kleckswörter, Würfeldiktat, Partnerdiktat, Wörtertreppe, Schleichdiktat, Sätze schreiben, Dosendiktat, Popodiktat …

Plan zum Üben der Lernwörter

Mein Plan zum Üben der Lernwörter (2)

Kreuze an, was du bearbeitet hast!

- [ ] 1. Lies alle Lernwörter (LW).

- [ ] 2. Klatsche die LW in Silben und male Silbenbögen unter die LW.

- [ ] 3. Unterstreiche alle Namenwörter (Nomen) blau.
  Unterstreiche alle Tunwörter (Verben) rot.
  Unterstreiche alle Wiewörter (Adjektive) grün.
  Unterstreiche alle Restwörter (Sackwörter) braun.

- [ ] 4. Schreibe alle LW nach Silben getrennt auf.

- [ ] 5. Schreibe alle LW richtig in dein Heft ab.

- [ ] 6. Markiere dir schwierige Stellen in rot.

- [ ] 7. Schreibe alle Namenwörter mit Begleiter in der Einzahl und Mehrzahl auf.

- [ ] 8. Schreibe alle Tunwörter in allen Personalformen auf.   ich …, du …, er …, wir …

- [ ] 9. Steigere alle Wiewörter (Adjektive).   bunt, bunter als, am buntesten

- [ ] 10. Bilde mit den LW Sätze.

- [ ] *11. Baue zusammengesetzte Namenwörter (Nomen) und schreibe sie auf.

- [ ] *12. Sortiere alle LW nach dem ABC und schreibe sie auf.   A–Z

- [ ] *13. Schlage die LW im Wörterbuch nach und suche verwandte Wörter.

- [ ] *14. Denk dir Wortbilder als Gedächtnisstütze zu den LW aus.   z. B. Sonne

- [ ] *15. So kannst du weiterüben: Geheimschrift, Purzelwörter, Klickswörter, Würfeldiktat, Partnerdiktat, Wörtertreppe, Schleichdiktat …

So verbessere ich meine Rechtschreibfehler

Erklärung

Gemachte Rechtschreibfehler sind niemals dumme Fehler, sondern geben meist Einblick in das individuelle Lernen und Denken eines jeden Kindes. Um diesem gerecht zu werden, sollten Fehler auch unterschiedlich berichtigt werden. So kann das Kind individuell unterstützt und gefördert werden und erlangt selbst Einsicht in seine Fehlerquellen.

Die Übersicht „So verbessere ich meine Rechtschreibfehler" stellt einen Vorschlag zum sinnvollen Berichtigen und Umgang mit Rechtschreibfehlern dar. Bei den kommentierten Diktaten wird in der 3. Differenzierungsstufe (Aufgabe 5) u. a. auf den Übungsplan verwiesen. Durch das genaue Betrachten und Kennzeichnen der Fehler wird die Lehrperson bald eine differenziertere Übersicht über die Fehlerquellen der einzelnen Schüler und Schülerinnen haben und kann diese gezielter fördern. Aber auch für das Kind selbst und die Eltern ist diese Vorgehensweise aufschlussreich. Und gerade Kinder mir Fehlerhäufung erlangen Einsicht, dass sich ihre vielen Fehler meist in nur 2–3 Fehlerquellen kategorisieren lassen, die es verstärkt zu üben gilt.

Bei der Korrektur von Texten unterstreicht die Lehrperson das Fehlerwort und schreibt das entsprechende Zeichen zur Berichtigung darüber. Der Plan sollte jedem Kind vorliegen und möglichst auf der Umschlagseite im Heft kleben, damit das Kind die Bedeutung der Zeichen jederzeit nachlesen kann.

N

Beispiel Fehlerberichtigung anhand der Zeichen: <u>h</u>und

In den Bänden 1 und 2 für das 3./4. Schuljahr finden Sie einen erweiterten Plan zur Verbesserung der Rechtschreibfehler, den Sie gegebenenfalls für leistungsstarke Kinder im 2. Schuljahr heranziehen können.

So verbessere ich meine Rechtschreibfehler
Übung macht den Rechtschreibprofi

N — **N**amenwörter (**N**omen) schreibe ich groß.
Ich schreibe das Wort mit Begleiter in der Einzahl und Mehrzahl.
Beispiel: der Ball – die Bälle

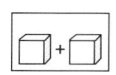

☐+☐ — Zusammengesetzte Namenwörter (Nomen) schreibe ich zusammen.
Ich schreibe 2 zusammengesetzte Namenwörter mit Begleiter auf.
Beispiel: der Ball + das Spiel = das Ballspiel

V — **V**erben (Tunwörter) schreibe ich klein.
Ich schreibe das Wort in der Grundform und drei Personalformen.
Beispiel: fangen – ich fange – du fängst – er fängt

A — **A**djektive (Wiewörter) schreibe ich klein.
Ich schreibe Steigerungsformen auf.
Beispiel:
                    am größten
          größer als ⌐
  groß ⌐

SÜ — **S**atzanfänge und **Ü**berschriften schreibe ich groß.
Ich schreibe den ganzen Satz/die Überschrift richtig ab.

LW — **L**ern**w**ort
Das ist ein wichtiges Wort.
Ich übe es fünfmal. *Beispiel:* dann, ⅠⅠⅠⅠ (Geheimschrift), dann (Worttreppe)
                                                                  dan
                                                                  da
S — **S**ilben zerlegen
Ich zerlege das Wort in Silben.   d
Beispiel: Wolle, Wol-le

☺☺ — Ich suche zwei verwandte Wörter im Wörterbuch.
Beispiel: der Lehrer – lehren – die Lehrerin

R — Ich schreibe 2 **R**eimwörter auf.
Beispiel: muss – Kuss – Schluss

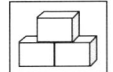

🧱 — Ich bilde mit dem Wort einen neuen Satz.

✏️ — Ich schreibe den ganzen Satz richtig ab.

📄 — Ich schreibe den ganzen Text richtig ab.

Raketenspiel

Das Raketenspiel – der Wortcheck

In Anlehnung an das „Wort des Tages" stellt das Raketenspiel eine weitere Variante zur Wortuntersuchung dar. Hierfür werden die Strategiekarten aus Kapitel 2 (S. 50–53) zusammen mit den vier ergänzenden Karten zum Raketenspiel herangezogen.

Geschichte zum Spiel

Bevor die Rakete starten kann, muss erst ein Sicherheitscheck durchgeführt werden. So geht es auch dir, denn bevor du die Wörter richtig aufschreiben kannst, musst du sie zunächst untersuchen, das heißt durchchecken. Hast du beim Wortcheck alle Sicherheitsvorkehrungen durchlaufen, kann dir nichts mehr passieren, und du kannst an den Start gehen.

Das Spiel kann zunächst im Plenum, an der Tafel oder im Sitzkreis mit der gesamten Klasse durchgeführt werden, um es später immer mehr in die Eigenverantwortung der Kinder zu geben und es in Gruppenarbeit durchführen zu lassen. Dafür bietet es sich an, die Strategiekarten im Format zu minimieren, anschließend zu laminieren und an die Tischgruppen zu verteilen.

Durchführung im Plenum an der Tafel

In der Tafelmitte steht das Wort des Tages, während sich an der Seitentafel alle bekannten Strategiekarten befinden. Nun checken die Kinder mithilfe der Strategiekarten das Wort durch und untersuchen es nach Silbenanzahl, Wortart usw. Die entsprechende Karte wird dazu unter das Wort gehängt und die gefundenen Beispiele aufgeschrieben. Sinnvoll ist es, sich im Ablauf an die Reihenfolge (siehe Variante in Tischgruppen) zu halten.

Variante in Tischgruppen

Es kann ein Spielplan dazu angefertigt werden. Ein Wort wird vom Wortstapel gezogen, vorgelesen und sichtbar auf den Tisch gelegt. Reihum wird nun mit den Strategiekarten gearbeitet und auf diese Weise das Wort untersucht. Der Ablauf sollte dabei möglichst in der vorgegebenen Reihenfolge eingehalten werden:
- Silbenzerlegung
- Wortartbestimmung
- Wortveränderungen entsprechend der Wortart durchführen: Nomen mit Begleiter in Einzahl, Mehrzahl, Verben konjugieren usw.
- nach weiteren verwandten Wörtern suchen
- schwierige Stellen markieren (*erklären)
- einen Satz bilden (mündlich oder auch schriftlich)
- Wort abdecken und aufschreiben lassen
- Wort kontrollieren
- Spielwiederholung mit nächstem Wort

Raketenspiel

Ergänzende Karten

Ich suche nach verwandten Wörtern.

Ich markiere schwierige Stellen.

* Ich habe etwas herausgefunden/ finde eine Erklärung dazu/ habe einen Tipp, z. B. doppelte Mitlaute usw.

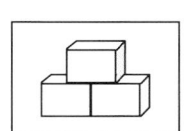

Ich bilde mit dem Wort einen Satz.

Ergänzende Karten

Raketenspiel

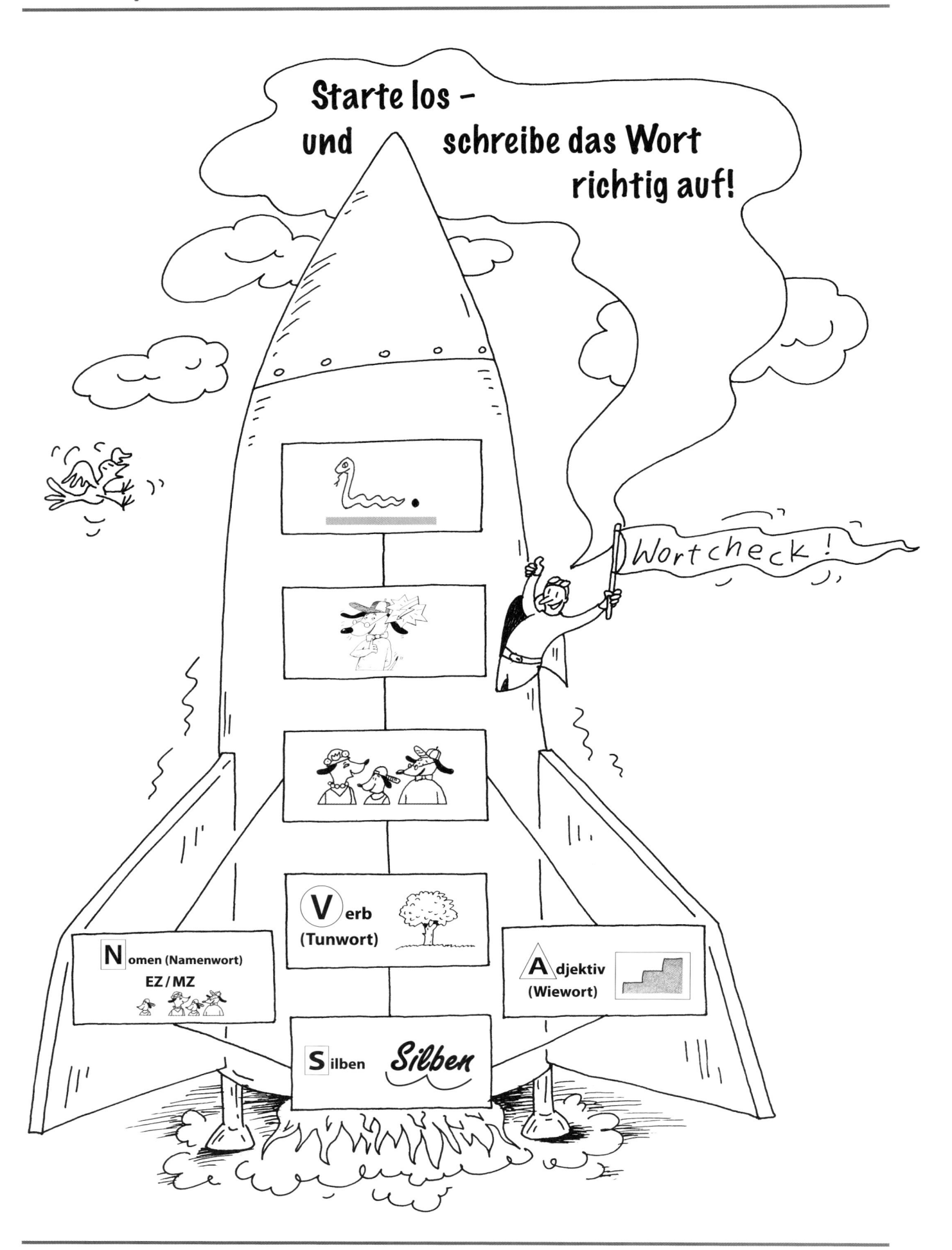

Starte los – und schreibe das Wort richtig auf!

Wortcheck!

Nomen (Namenwort) EZ / MZ

Verb (Tunwort)

Adjektiv (Wiewort)

Silben *Silben*

Lösungen

Die Maus

Die Maus (1)

Es gibt **vie**le **Mäu**se.
a) Bei uns lebt die **klei**ne **Feld**maus.
Sie lebt auf **Feld**ern **o**der im **Gar**ten.
b) Sie frisst **Kör**ner und **Früch**te.
(24 Wörter)

1. Lies den Text.
2. Unterstreiche die Antwortsätze.
   a) Welche Maus lebt bei uns? Unterstreiche grün.
   b) Was frisst die Maus? Unterstreiche rot.
3. Schreibe die Sätze richtig ab.
4. Fülle die Tabelle aus:

Einzahl	Mehrzahl
eine Maus	**vie**le **Mäu**se
ein Korn	**vie**le **Körner**
eine Frucht	**vie**le **Früchte**

Zusatzaufgaben
* Erkläre: Was ist eine Feldmaus?
* Male eine Maus.

Die Maus (2)

Es gibt **vie**le **Mäu**se.
a) Bei uns lebt die **klei**ne **Feld**maus.
c) Sie lebt auf **Feld**ern **o**der im **Gar**ten.
b) Sie frisst **Kör**ner und **Früch**te.
Die **Fein**de sind **Füch**se,
Raubvögel und **Men**schen.
(31 Wörter)

1. Lies den Text.
2. Unterstreiche die Antwortsätze.
   a) Welche Maus lebt bei uns? Unterstreiche grün.
   b) Was frisst die Maus? Unterstreiche rot.
   c) Wo lebt die Maus? Unterstreiche braun.
3. Schreibe die Sätze richtig ab.
4. Fülle die Tabelle aus:

Einzahl	Mehrzahl
eine Maus	**vie**le **Mäu**se
ein Korn	**vie**le **Körner**
eine Frucht	**vie**le **Früchte**
ein **Gar**ten	**vie**le **Gärten**
ein Feind	**vie**le **Feinde**

Zusatzaufgaben
* Erkläre: Was ist eine Feldmaus?
* Male eine Maus.

Die Maus (3)

Es gibt **vie**le **Mäu**se.
a) Bei uns lebt die **klei**ne **Feld**maus.
c) Sie lebt auf **Feld**ern **o**der im **Gar**ten.
b) Sie frisst **Kör**ner und **Früch**te.
d) Die **Fein**de sind **Füch**se,
Raubvögel und **Men**schen.
(31 Wörter)

1. Lies den Text.
2. Unterstreiche die Antwortsätze.
   a) Welche Maus lebt bei uns? Unterstreiche grün.
   b) Was frisst die Maus? Unterstreiche rot.
   c) Wo lebt die Maus? Unterstreiche braun.
   d) Welche Feinde hat die Maus? Unterstreiche schwarz.
3. Schreibe die Sätze richtig ab.
4. Fülle die Tabelle aus:

Einzahl	Mehrzahl
eine Maus	**vie**le **Mäu**se
ein Korn	**vie**le **Körner**
eine Frucht	**vie**le **Früchte**
ein **Gar**ten	**vie**le **Gärten**
ein Feind	**vie**le **Feinde**
ein **Fuchs**	**vie**le **Füch**se
ein Mensch	**vie**le **Menschen**

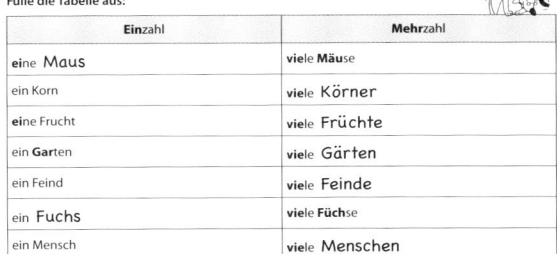

5. Erkläre die Mausnamen:
   Was ist eine **Feld**maus?
   Was ist eine **Spring**maus?
   Was ist eine **Renn**maus?

Zusatzaufgabe
* Male eine Maus.

Der Schneehase

Der Schneehase (1)

a) Der **Ha**se heißt **Schnee**hase.
Im **Som**mer hat er ein **brau**nes Fell.
Im **Win**ter liegt viel Schnee und Eis.
b) Das Fell ist im **Win**ter weiß.
Der **Ha**se ist gut **ge**tarnt.
(31 Wörter)

1. Lies den Text.
2. Unterstreiche die Antwortsätze.
   a) Wie heißt der Hase? Unterstreiche rot.
   b) Welche Farbe hat sein Fell im Winter? Unterstreiche blau.
3. Schreibe die Sätze richtig ab.
4. Finde Reimwörter.

Hase	Schnee	Fell	siegt
Nase	Fell	hell	wiegt

5. Trage die Wörter ein: *Hase, Sommer, Winter, Fell, Schnee, Eis, Feinde*.

der	die	das
Hase	Feinde	Fell
Sommer		Eis
Winter		
Schnee		

Zusatzaufgabe
* Male einen Hasen.

Tania von Minding: Alternative Diktatformen, Band 2
© Persen Verlag

Lösungen

Der Schneehase

Der Schneehase (2)

a) Der **Ha**se heißt **Schnee**ha**se**.
c) Im **Som**mer hat er ein **brau**nes Fell.
   Im **Win**ter liegt viel Schnee und Eis.
b) Das Fell ist im **Win**ter weiß.
   Die **Fein**de **se**hen den **Ha**sen nicht im Schnee.
   Der **Ha**se ist gut **ge**tarnt.
(39 Wörter)

1. Lies den Text.
2. Unterstreiche die Antwortsätze.
   a) Wie heißt der Hase? Unterstreiche rot.
   b) Welche Farbe hat sein Fell im Winter? Unterstreiche blau.
   c) Welche Farbe hat sein Fell im Sommer? Unterstreiche gelb.
3. Schreibe die Sätze richtig ab.
4. Finde Reimwörter.

Hase	Schnee	Fell	siegt
Nase	Fee	hell	wiegt
Vase	Klee	schnell	fliegt

5. Trage die Wörter ein: *Hase, Sommer, Winter, Fell, Schnee, Feinde, Hasen, Eis.*

der	die	das
Hase	Feinde	Fell
Sommer	Hasen	Eis
Winter		
Schnee		

6. Fülle die Tabelle aus.

Grundform	Ich-Form	Du-Form	Er-Form
liegen	ich liege	du liegst	er liegt
sehen	ich sehe	du siehst	er sieht

Zusatzaufgabe
* Male einen Hasen.

Der Schneehase (3)

a) Der **Ha**se heißt **Schnee**ha**se**.
c) Im **Som**mer hat er ein **brau**nes Fell.
   Im **Win**ter liegt viel Schnee und Eis.
b) Das Fell ist im **Win**ter weiß.
   Die **Fein**de **se**hen den **Ha**sen nicht im Schnee.
d) Der **Ha**se ist gut **ge**tarnt.
(39 Wörter)

1. Lies den Text.
2. Unterstreiche die Antwortsätze.
   a) Wie heißt der Hase? Unterstreiche rot.
   b) Welche Farbe hat sein Fell im Winter? Unterstreiche blau.
   c) Welche Farbe hat sein Fell im Sommer? Unterstreiche gelb.
   d) Warum sehen die Feinde den Hasen nicht? Unterstreiche grün.
3. Schreibe die Sätze richtig ab.
4. Finde Reimwörter.

Hase	Schnee	Fell	siegt	weiß
Nase	Fee	hell	wiegt	heiß
Vase	Klee	schnell	fliegt	Schweiß

5. Fülle die Tabelle mit Namenwörtern aus dem Text aus.

der	die	das
Hase	Feinde	Fell
Winter	Hasen	Eis

6. Fülle die Tabelle aus.

Grundform	Ich-Form	Du-Form	Er-Form
liegen	ich liege	du liegst	er liegt
sehen	ich sehe	du siehst	er sieht
haben	ich habe	du hast	er hat

Zusatzaufgabe
* Male einen Hasen.

Biber

Biber (1)

a) **Bi**ber **le**ben am **Was**ser.
   Sie **schwim**men im **Was**ser.
   Biber **ha**ben ein **war**mes Fell.
b) Das Fell ist braun.
   Im **Was**ser **bau**en sie **ei**nen Damm.
c) **Bi**ber **fres**sen **Rin**de.
   Darum **na**gen **Bi**ber am Baum.
(32 Wörter)

1. Lies den Text.
2. Unterstreiche die Antwortsätze.
   a) Wo leben Biber? Unterstreiche braun.
   b) Welche Farbe hat das Fell? Unterstreiche grün.
   c) Was fressen Biber? Unterstreiche rot.
3. Schreibe die Sätze richtig ab.
4. Suche Reimwörter.

Fell	Damm	fressen
hell	Kamm	messen

5. Fülle die Tabelle aus.

Grundform	Ich-Form	Du-Form	Er-Form
leben	ich lebe	du lebst	er lebt
bauen	ich baue	du baust	er baut

Zusatzaufgabe
* Male einen Biber.

Biber (2)

Biber sind **Was**ser**tie**re.
a) Sie **le**ben am **Was**ser.
   Und sie **schwim**men im **Was**ser.
   Biber **ha**ben ein **war**mes Fell.
b) Das Fell ist braun.
d) Im **Was**ser **bau**en sie **ei**nen Damm.
c) **Bi**ber **fres**sen **Rin**de.
   Darum **na**gen **Bi**ber am Baum.
(36 Wörter)

1. Lies den Text.
2. Unterstreiche die Antwortsätze.
   a) Wo leben Biber? Unterstreiche braun.
   b) Welche Farbe hat das Fell? Unterstreiche grün.
   c) Was fressen Biber? Unterstreiche rot.
   d) Wo bauen Biber einen Damm? Unterstreiche blau.
3. Schreibe die Sätze richtig ab.
4. Suche Reimwörter.

Fell	Damm	fressen	Wasser	schwimmen
hell	Kamm	messen	nasser	trimmen

5. Fülle die Tabelle aus.

Grundform	Ich-Form	Du-Form	Er-Form
leben	ich lebe	du lebst	er lebt
bauen	ich baue	du baust	er baut
schwimmen	ich schwimme	du schwimmst	er schwimmt
nagen	ich nage	du nagst	er nagt

Zusatzaufgaben
* Finde das zusammengesetzte Namenwort:
  Ein Tier im Wasser ist ein **Wassertier.**
* Male einen Biber.

Lösungen

Biber

Biber (3)

Biber sind **Wa**sser**ti**ere.
a) Sie **le**ben am **Wa**sser.
e) Sie **schwi**mmen im **Wa**sser.
Biber **ha**ben ein **war**mes Fell.
b) Das Fell ist braun.
d) Im **Wa**sser **bau**en sie **ei**nen Damm.
c) **Bi**ber **fres**sen **Rin**de.
Darum **na**gen **Bi**ber am Baum.
Sie **fres**sen **Baum**rin**de.**

(38 Wörter)

1. Lies den Text.
2. Unterstreiche die Antwortsätze.
   a) Wo leben Biber? Unterstreiche braun.
   b) Welche Farbe hat das Fell? Unterstreiche grün.
   c) Was fressen Biber? Unterstreiche rot.
   d) Wo bauen Biber einen Damm? Unterstreiche blau.
   e) Wie bewegen sich Biber im Wasser? Unterstreiche gelb.
3. Schreibe die Sätze richtig ab.
4. Suche Reimwörter.

Fell	Damm	fressen	Wasser	schwimmen
h**ell**	K**amm**	pr**essen**	n**asser**	tr**immen**
schn**ell**	St**amm**	m**essen**	kr**asser**	erkl**immen**

5. Fülle die Tabelle aus.

Grundform	Ich-Form	Du-Form	Er-Form
leben	ich lebe	du lebst	er lebt
bauen	ich baue	du baust	er baut
schwimmen	ich schwimme	du schwimmst	er schwimmt
nagen	ich nage	du nagst	er nagt
fressen	ich fresse	du frisst	er frisst

Zusatzaufgaben

* Finde das zusammengesetzte Namenwort:
  Ein Tier im Wasser ist ein **Wassertier.**
  Die Rinde eines Baumes ist die **Baumrinde.**
* Male einen Biber.

Igel

Igel (1)

a) Am Tag **schla**fen die **I**gel.
b) In der Nacht **fres**sen sie.
c) Sie **fres**sen **In**sek**ten**, **Schne**cken und **Wür**mer.
Igel **ha**ben **Fein**de.
Die **Fein**de sind **Eu**len und **Au**tos.
Dann **rol**len sich die **I**gel ein.

(34 Wörter)

1. Lies den Text.
2. Unterstreiche die Antwortsätze.
   a) Was machen die Igel am Tag? Unterstreiche gelb.
   b) Wann fressen die Igel? Unterstreiche lila.
   c) Was fressen die Igel? Unterstreiche grün.
3. Schreibe die Sätze richtig ab.
4. Fülle die Tabelle aus.

Einzahl	Mehrzahl
ein Feind	vi**ele** **Fein**de
ein **In**sekt	vi**ele** **In**sekten
eine **Schne**cke	vi**ele** **Schne**cken
ein Wurm	vi**ele** **Wür**mer

Zusatzaufgabe

* Male einen Igel.

Igel (2)

a) Am Tag **schla**fen die **I**gel.
b) In der Nacht **fres**sen sie.
c) Sie **fres**sen **In**sek**ten**, **Schne**cken und **Wür**mer.
Igel **ha**ben **Fein**de.
d) Die **Fein**de sind **Eu**len, **Mar**der und **Au**tos.
Dann **rol**len sich die **I**gel ein.
e) Im **Win**ter **hal**ten **I**gel **Win**ter**schlaf.**
Sie **schla**fen **un**ter Laub.

(43 Wörter)

1. Lies den Text.
2. Unterstreiche die Antwortsätze.
   a) Was machen die Igel am Tag? Unterstreiche gelb.
   b) Wann fressen die Igel? Unterstreiche lila.
   c) Was fressen die Igel? Unterstreiche grün.
   d) Welche Feinde hat der Igel? Unterstreiche schwarz.
   e) Was machen Igel im Winter? Unterstreiche blau.
3. Schreibe die Sätze richtig ab.
4. Fülle die Tabelle aus:

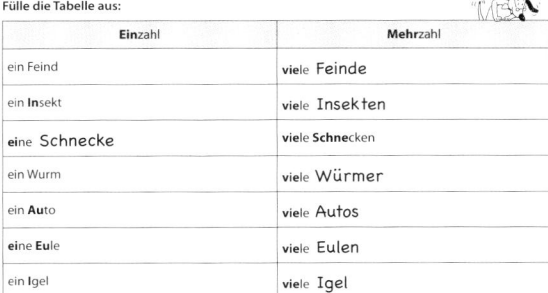

Einzahl	Mehrzahl
ein Feind	vi**ele** **Fein**de
ein **In**sekt	vi**ele** **In**sekten
eine **Schne**cke	vi**ele** **Schne**cken
ein Wurm	vi**ele** **Wür**mer
ein **Au**to	vi**ele** **Au**tos
eine **Eu**le	vi**ele** **Eu**len
ein **I**gel	vi**ele** **I**gel

Zusatzaufgaben

* Erkläre: Was bedeutet **Winter**schlaf?
* Male einen Igel.

Igel (3)

a) Am Tag **schla**fen die **I**gel.
b) In der Nacht **fres**sen sie.
c) Sie **fres**sen **In**sek**ten**, **Schne**cken und **Wür**mer.
Igel **ha**ben **Fein**de.
d) Die **Fein**de sind **Eu**len, **Mar**der und **Au**tos.
f) Dann **rol**len sich die **I**gel ein.
e) Im **Win**ter **hal**ten **I**gel **Win**ter**schlaf.**
Sie **schla**fen **un**ter Laub.

(43 Wörter)

1. Lies den Text.
2. Unterstreiche die Antwortsätze.
   a) Was machen die Igel am Tag? Unterstreiche gelb.
   b) Wann fressen die Igel? Unterstreiche lila.
   c) Was fressen die Igel? Unterstreiche grün.
   d) Welche Feinde hat der Igel? Unterstreiche schwarz.
   e) Was machen Igel im Winter? Unterstreiche blau.
   f) Was machen Igel bei Gefahr? Unterstreiche rot.
3. Schreibe die Sätze richtig ab.
4. Trage die Wörter richtig ein und fülle die Tabelle aus:
   Feind, Insekt, Schnecken, Wurm, Auto, Eule, Igel.

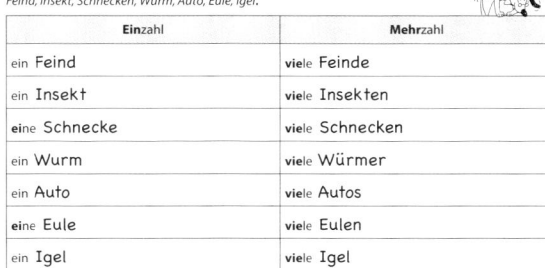

Einzahl	Mehrzahl
ein Feind	vi**ele** **Fein**de
ein **In**sekt	vi**ele** **In**sekten
eine **Schne**cke	vi**ele** **Schne**cken
ein Wurm	vi**ele** **Wür**mer
ein **Au**to	vi**ele** **Au**tos
eine **Eu**le	vi**ele** **Eu**len
ein **I**gel	vi**ele** **I**gel

Zusatzaufgaben

* Erkläre: Was bedeutet **Winter**schlaf?
* Male einen Igel.

Lösungen

Bären

Bären (1)

Es ist noch gar nicht so lange her, da haben auch in unseren Wäldern noch Bären und Wölfe gelebt. *a)* Am bekanntesten sind die Braunbären. *c)* Ein Braunbär kann bis zu drei Meter groß werden. Dann ist er größer als ein Mensch und läuft mindestens so schnell wie ein Mensch. *b)* Braunbären sind geschickte Kletterer.
(53 Wörter)

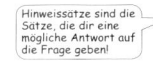

1. Lies den Text genau.
2. Lies die Fragen genau und unterstreiche den Hinweissatz im Text.
   a) Wie heißen die bekanntesten Bären? Unterstreiche rot.
   b) Was können Bären gut? Unterstreiche grün.
   c) Wie groß kann ein Bär werden? Unterstreiche gelb.
3. Schreibe die Hinweissätze aus dem Text richtig in dein Heft ab.
4. Ordne die Namenwörter (Nomen) richtig in die Tabelle ein und fülle sie aus.
   Wald, Bär, Wolf, Tier, Mensch

Einzahl mit Begleiter (Artikel)	Mehrzahl mit Begleiter (Artikel)
der Wald	die Wälder
der Bär	die Bären
der Wolf	die Wölfe
das Tier	die Tiere
der Mensch	die Menschen

5. Es gibt verschiedene Bärenarten. Finde das zusammengesetzte Namenwort (Nomen).

   Ein Bär mit braunem Fell ist ein **Braunbär.**
   Ein Bär mit schwarzem Fell ist ein **Schwarzbär.**
   Ein Bär mit weißem Fell, der Eis und Schnee liebt, ist ein **Eisbär.**

Zusatzaufgaben
* Kennst du noch mehr Bärenarten?
* Informiere dich über eine Bärenart.

Bären

Bären (2)

Es ist noch gar nicht so lange her, da haben auch in unseren Wäldern noch Bären und Wölfe gelebt. *b)* Heute findest du bei uns die Bären im Zoo oder in Wildparks. *a)* Am bekanntesten sind die Braunbären. *d)* Ein Braunbär kann bis zu drei Meter groß werden. Dann ist er größer als ein Mensch und läuft mindestens so schnell wie ein Mensch. *c)* Braunbären sind geschickte Kletterer.
(65 Wörter)

1. Lies den Text genau.
2. Lies die Fragen genau und unterstreiche den Hinweissatz im Text.
   a) Wie heißen die bekanntesten Bären? Unterstreiche rot.
   b) Wo gibt es heute noch Bären? Unterstreiche braun.
   c) Was können Bären gut? Unterstreiche grün.
   d) Wie groß kann ein Bär werden? Unterstreiche gelb.
3. Schreibe die Hinweissätze aus dem Text richtig in dein Heft ab.
4. Ordne die Namenwörter (Nomen) richtig in die Tabelle ein und fülle sie aus.
   Wald, Bär, Wolf, Tier, Mensch

Einzahl mit Begleiter (Artikel)	Mehrzahl mit Begleiter (Artikel)
der Wald	die Wälder
der Bär	die Bären
der Wolf	die Wölfe
das Tier	die Tiere
der Mensch	die Menschen

5. Es gibt verschiedene Bärenarten. Finde das zusammengesetzte Namenwort (Nomen).

   Ein Bär mit braunem Fell ist ein **Braunbär.**
   Ein Bär mit schwarzem Fell ist ein **Schwarzbär.**
   Ein Bär mit weißem Fell, der Eis und Schnee liebt, ist ein **Eisbär.**
   Ein Bär mit einer großen Lippe ist ein **Lippenbär.**
   Ein Bär, der gerne mit seinen Händen reibt, schrubbt (wäscht), ist ein **Waschbär.**

Zusatzaufgaben
* Kennst du noch mehr Bärenarten?
* Informiere dich über eine Bärenart.

Bären

Bären (3)

Es ist noch gar nicht so lange her, da haben auch in unseren Wäldern noch Bären und Wölfe gelebt. *b)* Heute findest du bei uns die Bären im Zoo oder in Wildparks. Eigentlich sind Bären friedliche Tiere. *e)* Nur wenn sie gereizt werden, greifen sie Menschen an. *a)* Am bekanntesten sind die Braunbären. *d)* Ein Braunbär kann bis zu drei Meter groß werden. Dann ist er größer als ein Mensch und läuft mindestens so schnell wie ein Mensch. *c)* Braunbären sind geschickte Kletterer.
(79 Wörter)

1. Lies den Text genau.
2. Lies die Fragen genau und unterstreiche den Hinweissatz im Text.
   a) Wie heißen die bekanntesten Bären? Unterstreiche rot.
   b) Wo gibt es heute noch Bären? Unterstreiche braun.
   c) Was können Bären gut? Unterstreiche grün.
   d) Wie groß kann ein Bär werden? Unterstreiche gelb.
   e) Greifen Bären Menschen an? Unterstreiche lila.
3. Schreibe die Hinweissätze aus dem Text richtig in dein Heft ab.
4. Es gibt verschiedene Bärenarten. Finde das zusammengesetzte Namenwort (Nomen).

   Ein Bär mit braunem Fell ist ein **Braunbär.**
   Ein Bär mit schwarzem Fell ist ein **Schwarzbär.**
   Ein Bär mit weißem Fell, der Eis und Schnee liebt, ist ein **Eisbär.**
   Ein Bär mit einer großen Lippe ist ein **Lippenbär.**
   Ein Bär mit einem Kragen aus langen Haaren ist ein **Kragenbär.**
   Ein Bär mit einer Färbung um die Augen wie eine Brille ist ein **Brillenbär.**
   Ein Bär, der gerne mit seinen Händen reibt, schrubbt (wäscht), ist ein **Waschbär.**

Zusatzaufgaben
* Kennst du noch mehr Bärenarten?
* Informiere dich über eine Bärenart.

Die Stubenfliege

Die Stubenfliege (1)

a) Die Stubenfliege findest du überall dort, wo auch Menschen leben. Sie gehört schon fast wie ein Haustier dazu. Aber meist stört sie uns Menschen, wenn sie neugierig summend durch unsere Zimmer fliegt. *b)* In den Wohnräumen fühlt sie sich wohl. *c)* Ein anderes Wort für Raum ist Stube. *c)* Deswegen wird die Fliege auch Stubenfliege genannt.
(57 Wörter)

1. Lies den Text genau.
2. Lies die Fragen genau und unterstreiche den Hinweissatz im Text.
   a) Wo lebt die Stubenfliege? Unterstreiche braun.
   b) Wo fühlt sich die Fliege wohl? Unterstreiche grün.
   c) Woher hat die Stubenfliege ihren Namen? Unterstreiche rot (2 Sätze).
3. Schreibe die Hinweissätze aus dem Text richtig in dein Heft ab.
4. Ordne die Namenwörter (Nomen) ein: *Stubenfliege, Raum, Haustier, Zimmer, Wort, Wohnräume.*

1 Silbe	2 Silben	3 Silben	4 Silben
Raum	Haustier	Wohnräume	Stubenfliege
Wort	Zimmer		

5. Finde das zusammengesetzte Namenwort (Nomen).

   Eine Fliege in der Stube ist eine **Stubenfliege.**
   Ein Tier im Haus ist ein **Haustier.**
   Ein Zimmer zum Wohnen ist ein **Wohnzimmer.**

Zusatzaufgaben
* Im Text gibt es 3 verschiedene Wörter für das Wort „Zimmer". Schreibe sie heraus. Kennst du noch mehr Begriffe für das Wort „Zimmer"?
* Überlege gut und schreibe auf: Wie könnte man die Stubenfliege auch nennen?

Lösungen

Die Stubenfliege

Die Stubenfliege (2)

a) Die Stubenfliege findest du überall dort, wo auch Menschen leben. Sie gehört schon fast wie ein Haustier dazu. Aber meist stört sie uns Menschen, wenn sie neugierig summend durch unsere Zimmer fliegt. b) In den Wohnräumen fühlt sie sich wohl. c) Ein anderes Wort für Raum ist Stube. c) Deswegen wird die Fliege auch Stubenfliege genannt. Wenn du eine Fliege genau beobachtest, dann wirst du merken, wie geschickt und beweglich sie ist. d) Sie kann sogar einen Salto in der Luft machen.
(80 Wörter)

1. Lies den Text genau.
2. Lies die Fragen genau und unterstreiche den Hinweissatz im Text.
   a) Wo lebt die Stubenfliege? Unterstreiche braun.
   b) Wo fühlt sich die Fliege wohl? Unterstreiche grün.
   c) Woher hat die Stubenfliege ihren Namen? Unterstreiche rot (2 Sätze).
   d) Was kann eine Fliege? Unterstreiche gelb.
3. Schreibe die Hinweissätze aus dem Text richtig in dein Heft ab.
4. Ordne Namenwörter (Nomen) aus dem Text in die Tabelle ein.

1 Silbe	2 Silben	3 Silben	4 Silben
Raum	Haustier	Wohnräume	Stubenfliege
Wort	Zimmer		

5. Finde das zusammengesetzte Namenwort (Nomen).

   Eine Fliege in der Stube ist eine **Stubenfliege.**

   Ein Tier im Haus ist ein **Haustier.**

   Ein Zimmer zum Wohnen ist ein **Wohnzimmer.**

Zusatzaufgaben
* Im Text gibt es 3 verschiedene Wörter für das Wort „Zimmer". Schreibe sie heraus. Kennst du noch mehr Begriffe für das Wort „Zimmer"?
* Überlege gut und schreibe auf: Wie könnte man die Stubenfliege auch nennen?

Die Stubenfliege

Die Stubenfliege (3)

a) Die Stubenfliege findest du überall dort, wo auch Menschen leben. Sie gehört schon fast wie ein Haustier dazu. Aber meist stört sie uns Menschen, wenn sie neugierig summend durch unsere Zimmer fliegt. b) In den Wohnräumen fühlt sie sich wohl. c) Ein anderes Wort für Raum ist Stube. c) Deswegen wird die Fliege auch Stubenfliege genannt. Wenn du eine Fliege genau beobachtest, dann wirst du merken, wie geschickt und beweglich sie ist. d) Sie kann sogar einen Salto in der Luft machen.
(80 Wörter)

1. Lies den Text genau.
2. Lies die Fragen genau und unterstreiche den Hinweissatz im Text.
   a) Wo lebt die Stubenfliege? Unterstreiche braun.
   b) Wo fühlt sich die Fliege wohl? Unterstreiche grün.
   c) Woher hat die Stubenfliege ihren Namen? Unterstreiche rot (2 Sätze).
   d) Woran erkennst du, dass eine Fliege geschickt ist? Unterstreiche gelb.
3. Schreibe die Hinweissätze aus dem Text richtig in dein Heft ab.
4. Ordne Namenwörter (Nomen) aus dem Text in die Tabelle ein.

1 Silbe	2 Silben	3 Silben	4 Silben
Raum	Haustier	Wohnräume	Stubenfliege
Wort	Zimmer		

5. Schreibe die Namenwörter (Nomen) aus der Tabelle in Silben zerlegt auf: **Kü-che.**
6. Finde das zusammengesetzte Namenwort (Nomen).

   Ein Raum zum Wohnen ist ein **Wohnraum.**

7. Baue die zusammengesetzten Namenwörter (Nomen) mit Begleiter (Artikel) richtig auseinander und erkläre ihre Bedeutung:

   das Haustier = **das Haus** + **das Tier**

   Erklärung: **Ein Tier im Haus.**

   die Stubenfliege = **die Stube** + **die Fliege**

   Erklärung: **Eine Fliege in der Stube.**

Zusatzaufgaben
* Im Text gibt es 3 verschiedene Wörter für das Wort „Zimmer". Schreibe sie heraus. Kennst du noch mehr Begriffe für das Wort „Zimmer"?
* Überlege gut und schreibe auf: Wie könnte man die Stubenfliege auch nennen?

Sommersprossen

Sommersprossen (1)

Wenn die Sonne scheint und du draußen spielst, dann kann es sein, dass deine Haut plötzlich lauter kleine braune Pünktchen bekommt. a) Das sind Sommersprossen. Aber nicht jeder Mensch bekommt Sommersprossen. b) Menschen mit sehr empfindlicher heller Haut sind besonders davon betroffen. Sie müssen vorsichtig sein, wenn die Sonne scheint, und darauf achten, dass sie genug Sonnencreme auftragen.
(57 Wörter)

1. Lies den Text genau.
2. Lies die Fragen genau und unterstreiche den Hinweissatz im Text.
   a) Wie nennt man die kleinen braunen Pünktchen auf der Haut? Unterstreiche grün.
   b) Welche Menschen bekommen leicht Sommersprossen? Unterstreiche gelb.
3. Schreibe die Hinweissätze aus dem Text richtig in dein Heft ab.
4. Ordne die Namenwörter (Nomen) ein: *Sommersprossen, Sommer, Sonne, Pünktchen, Sonnencreme, Sonnentag.*

2 Silben	3 Silben	4 Silben
Sonne	Sonnentag	Sommersprossen
Sommer		Sonnencreme
Pünktchen		

5. Schreibe die Namenwörter (Nomen) aus der Tabelle in Silben zerlegt auf: **Tas-se.**
6. Finde Reimwörter.

wenn	kann	heller	müssen
denn	dann	schneller	küssen

7. Finde das zusammengesetzte Namenwort (Nomen).

   Eine Creme als Schutz gegen die Sonne ist eine **Sonnencreme.**

   Ein Hut als Schutz gegen die Sonne ist ein **Sonnenhut.**

Zusatzaufgabe
* Unterstreiche alle 4 Wiewörter (Adjektive) im Satz grün.
  Wenn deine helle Haut kleine braune Pünktchen bekommt, dann sind das lustige Sommersprossen.

Sommersprossen

Sommersprossen (2)

Wenn die Sonne scheint und du draußen spielst, dann kann es sein, dass deine Haut plötzlich lauter kleine braune Pünktchen bekommt. a) Das sind Sommersprossen. Sie werden wieder blasser, wenn du weniger in die Sonne gehst und deine Haut besser mit Sonnencreme schützt. Aber nicht jeder Mensch bekommt Sommersprossen. b) Menschen mit sehr empfindlicher heller Haut sind besonders davon betroffen. c) Sie müssen vorsichtig sein, wenn die Sonne scheint, und darauf achten, dass sie genug Sonnencreme auftragen. Meist bekommen sie schon nach kurzer Zeit viele lustige kleine Sommersprossen.
(86 Wörter)

1. Lies den Text genau.
2. Lies die Fragen genau und unterstreiche den Hinweissatz im Text.
   a) Wie nennt man die kleinen braunen Pünktchen auf der Haut? Unterstreiche grün.
   b) Welche Menschen bekommen leicht Sommersprossen? Unterstreiche gelb.
   c) Worauf müssen diese Menschen achten? Unterstreiche rot.
3. Schreibe die Hinweissätze aus dem Text richtig in dein Heft ab.
4. Ordne die Namenwörter (Nomen) aus dem Text in die Tabelle ein.

1 Silbe	2 Silben	4 Silben
Haut	Sonne	Sommersprossen
Mensch	Pünktchen	Sonnencreme

5. Finde Reimwörter.

kann	müssen	heller	besser	wenn
dann	küssen	schneller	Messer	denn

Tania von Minding: Alternative Diktatformen, Band 2
© Persen Verlag

Lösungen

Sommersprossen

6. a) Unterstreiche die 4 Wiewörter (Adjektive).
b) Setze sie dann richtig in den Text b) ein.

a) Meist bekommen Menschen mit <u>heller</u> Haut <u>lustige</u> <u>kleine</u> <u>braune</u> Sommersprossen.

b) Die Haut einiger Menschen ist ___hell___ . Die Sommersprossen darauf sind ___klein___ und haben eine ___braune___ Farbe.
Sie sehen ___lustig___ aus.

7. Finde das zusammengesetzte Namenwort.

Eine Creme als Schutz gegen die Sonne ist eine ___Sonnencreme.___

Ein Hut als Schutz gegen die Sonne ist ein ___Sonnenhut.___

Ein Schirm als Schutz gegen die Sonne ist ein ___Sonnenschirm.___

Zusatzaufgabe
* Finde weitere zusammengesetzte Namenwörter (Nomen).

Sommersprossen

Sommersprossen (3)

Wenn die Sonne scheint und du draußen spielst, dann kann es sein, dass deine Haut plötzlich lauter kleine braune Pünktchen bekommt. *a)* <u>Das sind Sommersprossen.</u> *d)* <u>Sie werden wieder blasser, wenn du weniger in die Sonne gehst und deine Haut besser mit Sonnencreme schützt.</u> Aber nicht jeder Mensch bekommt Sommersprossen. *b)* <u>Menschen mit sehr empfindlicher heller Haut sind besonders davon betroffen.</u> *c)* <u>Sie müssen vorsichtig sein, wenn die Sonne scheint, und darauf achten, dass sie genug Sonnencreme auftragen.</u> Meist bekommen sie schon nach kurzer Zeit viele lustige kleine Sommersprossen.

(86 Wörter)

1. Lies den Text genau.

2. Lies die Fragen genau und unterstreiche den Hinweissatz im Text.
a) Wie nennt man die kleinen braunen Pünktchen auf der Haut? Unterstreiche grün.
b) Welche Menschen bekommen leicht Sommersprossen? Unterstreiche gelb.
c) Worauf müssen diese Menschen achten? Unterstreiche rot.
d) Wann verschwinden Sommersprossen? Unterstreiche blau.

3. Schreibe die Hinweissätze aus dem Text richtig in dein Heft ab.

4. Finde Reimwörter.

Sonne	Sprossen	bekommen	müssen	kann
Tonne	Flossen	gen**ommen**	küssen	Mann

nennen	besser	heller	wenn
rennen	Messer	schn**eller**	denn

5. Schreibe die Namenwörter (Nomen) in Silben zerlegt auf, z. B.: Tas-se.
Sonne, Menschen, Sommer, Sommersprossen, Pünktchen, Sonnencreme.

Sommersprossen

6. a) Unterstreiche die 5 Wiewörter (Adjektive).
b) Setze sie dann richtig in den Text b) ein.

a) Menschen mit <u>heller</u> Haut sind <u>empfindlicher</u> in der Sonne. Meist bekommen sie <u>lustige</u> <u>kleine</u> <u>braune</u> Sommersprossen.

b) Die Haut einiger Menschen ist ___hell___ . In der Sonne sind sie besonders ___empfindlich___ und bekommen schnell Sommersprossen.
Die Sommersprossen darauf sind ___klein___ und haben eine ___braune___ Farbe. Sie sehen ___lustig___ aus.

7. Baue die zusammengesetzten Namenwörter richtig auseinander und erkläre ihre Bedeutung:

die Sonnencreme = ___die Sonne___ + ___die Creme___
Erklärung: ___Eine Creme als Schutz gegen die Sonne.___

der Sonnenschirm = ___die Sonne___ + ___der Schirm___
Erklärung: ___Ein Schirm, der vor der Sonne schützt.___

die Sonnenallergie = ___die Sonne___ + ___die Allergie___
Erklärung: ___Eine Allergie gegen die Sonne.___

der Sonnenbrand = ___die Sonne___ + ___der Brand___
Erklärung: ___Durch zuviel Sonne ist deine Haut rot wie bei einem Brand.___

Zusatzaufgabe
* Finde weitere zusammengesetzte Namenwörter (Nomen).

Die Feldmaus

Die Feldmaus (1)

Es gibt viele verschiedene Arten von Mäusen. *a)* <u>Bei uns lebt die kleine Feldmaus.</u>
b) <u>Du findest sie auf Feldern oder auch im Garten.</u> *c)* <u>Sie frisst gerne Getreidekörner, aber auch Früchte.</u> Mäuse halten keinen Winterschlaf. Im Sommer sammeln sie Vorräte, die sie in ihren Vorratskammern in der Wohnhöhle unter der Erde vergraben. Im Winter ernähren sie sich von ihren Vorräten. Die Feinde der Feldmaus sind Marder, Füchse, Raubvögel, aber auch der Mensch.

(72 Wörter)

1. Lies den Text genau.

2. Lies die Fragen genau und unterstreiche den Hinweissatz im Text.
a) Wie heißt die Maus, die bei uns lebt? Unterstreiche grün.
b) Wo findest du die Maus? Unterstreiche braun.
c) Was frisst die Maus? Unterstreiche rot.

3. Schreibe die Hinweissätze aus dem Text richtig in dein Heft ab.

4. Ordne die Namenwörter (Nomen) richtig in die Tabelle ein und fülle sie aus.
Mäuse, Garten, Früchte, Füchse

Einzahl mit Begleiter (Artikel)	Mehrzahl mit Begleiter (Artikel)
die Maus	die Mäuse
der Garten	die Gärten
die Frucht	die Früchte
der Fuchs	die Füchse

5. Baue die zusammengesetzten Namenwörter (Nomen) mit Begleiter (Artikel) richtig auseinander und erkläre ihre Bedeutung:

die Feldmaus = ___das Feld___ + ___die Maus___
Erklärung: ___Eine Maus, die auf dem Feld lebt.___

der Winterschlaf = ___der Winter___ + ___der Schlaf___
Erklärung: ___Der Schlaf, den ein Tier im ganzen Winter hält.___

Zusatzaufgabe
* Informiere dich über andere Mausarten, z. B. Spitzmaus, Springmaus, Rennmaus.

Lösungen

Die Feldmaus

Die Feldmaus (2)

Es gibt viele verschiedene Arten von Mäusen. *a)* <u>Bei uns lebt die kleine Feldmaus.</u> *b)* <u>Du findest sie auf Feldern oder auch im Garten.</u> *c)* <u>Sie frisst gerne Getreidekörner, aber auch Früchte.</u> Mäuse halten keinen Winterschlaf. Im Sommer sammeln sie Vorräte, die sie in ihren Vorratskammern in der Wohnhöhle unter der Erde vergraben. *d)* <u>Im Winter ernähren sie sich von ihren Vorräten.</u> *e)* <u>Die Feinde der Feldmaus sind Marder, Füchse, Raubvögel, aber auch der Mensch.</u>

(72 Wörter)

1. Lies den Text genau.
2. Lies die Fragen genau und unterstreiche den Hinweissatz im Text.
   a) Wie heißt die Maus, die bei uns lebt? Unterstreiche grün.
   b) Wo findest du die Maus? Unterstreiche braun.
   c) Was frisst die Maus? Unterstreiche rot.
   d) Was machen die Mäuse im Winter? Unterstreiche blau.
   e) Welche Feinde hat die Maus? Unterstreiche schwarz.

   Hinweissätze sind die Sätze, die dir eine mögliche Antwort auf die Frage geben!

3. Schreibe die Hinweissätze aus dem Text richtig in dein Heft ab.
4. Ordne die Namenwörter (Nomen) richtig in die Tabelle ein und fülle sie aus.
   Mäuse, Garten, Früchte, Füchse, Vorräte

Einzahl mit Begleiter (Artikel)	Mehrzahl mit Begleiter (Artikel)
die Maus	die Mäuse
der Garten	die Gärten
die Frucht	die Früchte
der Fuchs	die Füchse
der Vorrat	die Vorräte

5. Baue die zusammengesetzten Namenwörter (Nomen) mit Begleiter (Artikel) richtig auseinander und erkläre ihre Bedeutung:

   die Feldmaus = __das Feld__ + __die Maus__
   Erklärung: Eine Maus, die auf dem Feld lebt.

   der Winterschlaf = __der Winter__ + __der Schlaf__
   Erklärung: Der Schlaf, den ein Tier im ganzen Winter hält.

   die Vorratskammer = __der Vorrat__ + __die Kammer__
   Erklärung: Eine Kammer, in der Vorrat gesammelt wird.

Zusatzaufgabe
* Informiere dich über andere Mausarten, z. B. Spitzmaus, Springmaus, Rennmaus.

Die Feldmaus (3)

Es gibt viele verschiedene Arten von Mäusen. *a)* <u>Bei uns lebt die kleine Feldmaus.</u>
b) <u>Du findest sie auf Feldern oder auch im Garten.</u> *c)* <u>Sie frisst gerne Getreidekörner, aber auch Früchte.</u> Mäuse halten keinen Winterschlaf. *d)* <u>Im Sommer sammeln sie Vorräte, die sie in ihren Vorratskammern in der Wohnhöhle unter der Erde vergraben.</u> *e)* <u>Im Winter ernähren sie sich von ihren Vorräten.</u> *f)* <u>Die Feinde der Feldmaus sind Marder, Füchse, Raubvögel, aber auch der Mensch.</u>

(72 Wörter)

1. Lies den Text genau.
2. Lies die Fragen genau und unterstreiche den Hinweissatz im Text.
   a) Wie heißt die Maus, die bei uns lebt? Unterstreiche grün.
   b) Wo findest du die Maus? Unterstreiche braun.
   c) Was frisst die Maus? Unterstreiche rot.
   d) Was machen Mäuse im Sommer? Unterstreiche gelb.
   e) Was machen die Mäuse im Winter? Unterstreiche blau.
   f) Welche Feinde hat die Maus? Unterstreiche schwarz.

3. Schreibe die Hinweissätze aus dem Text richtig in dein Heft ab.
4. Ordne die Namenwörter (Nomen) mit Begleiter (Artikel) richtig in die Tabelle ein und fülle sie aus. *Mäuse, Garten, Früchte, Füchse, Art, Vorräte, Feinde, Mensch*

Einzahl mit Begleiter (Artikel)	Mehrzahl mit Begleiter (Artikel)
die Maus	die Mäuse
der Garten	die Gärten
die Frucht	die Früchte
der Fuchs	die Füchse
die Art	die Arten
der Vorrat	die Vorräte
der Feind	die Feinde
der Mensch	die Menschen

Die Feldmaus

5. Baue die zusammengesetzten Namenwörter (Nomen) mit Begleiter (Artikel) richtig auseinander und erkläre ihre Bedeutung:

   die Feldmaus = __das Feld__ + __die Maus__
   Erklärung: Eine Maus, die auf dem Feld lebt.

   der Winterschlaf = __der Winter__ + __der Schlaf__
   Erklärung: Der Schlaf, den ein Tier im ganzen Winter hält.

   die Getreidekörner = __das Getreide__ + __die Körner__
   Erklärung: Körner aus Getreide.

   die Vorratskammer = __der Vorrat__ + __die Kammer__
   Erklärung: Eine Kammer, in der Vorräte gesammelt werden.

Zusatzaufgabe
* Informiere dich über andere Mausarten, z. B. Spitzmaus, Springmaus, Rennmaus.

Menschen ohne festen Wohnsitz

Menschen ohne festen Wohnsitz (1)

Es gibt Menschen, die leben das ganze Jahr über auf der Straße.
a) <u>Sie sind obdachlos.</u> Sie verbringen dort Tag und Nacht im warmen Sommer, aber auch im kalten Winter. Viele von ihnen haben keinen Kontakt mehr zu ihren Familien und keine Arbeit. In ärmeren Ländern gibt es sogar Kinder, die auf der Straße leben.
b) <u>Sie werden Straßenkinder genannt.</u> Sie können nicht zur Schule gehen, um etwas zu lernen.

(72 Wörter)

1. Lies den Text genau.
2. Lies die Fragen genau und unterstreiche den Hinweissatz im Text.
   a) Wie nennt man Menschen ohne festen Wohnsitz? Unterstreiche gelb.
   b) Wie nennt man Kinder, die auf der Straße leben? Unterstreiche rot.

3. Schreibe die Hinweissätze aus dem Text richtig in dein Heft ab.
4. Ordne die Namenwörter (Nomen) richtig ein: *Menschen, Jahr, Straße, Tag*.

Einzahl mit Begleiter (Artikel)	Mehrzahl mit Begleiter (Artikel)
der Mensch	die Menschen
das Jahr	die Jahre
die Straße	die Straßen
der Tag	die Tage

5. Unterstreiche im Satz alle 3 Tunwörter (Verben) rot und fülle die Tabelle aus.
   Straßenkinder <u>können</u> nicht zur Schule <u>gehen</u>, um etwas zu <u>lernen</u>.

Wir-Form	Grundform	Ich-Form	Er-Form
wir können	können	ich kann	er kann
wir gehen	gehen	ich gehe	er geht
wir lernen	lernen	ich lerne	er lernt

Zusatzaufgabe
* Überlege: Was fehlt den Menschen auf der Straße sicher am meisten?

Tania von Minding: Alternative Diktatformen, Band 2
© Persen Verlag

Lösungen

Menschen ohne festen Wohnsitz

Menschen ohne festen Wohnsitz (2)

Es gibt Menschen, die leben das ganze Jahr über auf der Straße. *a)* <u>Sie sind obdachlos.</u> Sie verbringen dort Tag und Nacht im warmen Sommer, aber auch im kalten Winter. Viele von ihnen haben keinen Kontakt mehr zu ihren Familien und keine Arbeit. *c)* <u>In ärmeren Ländern gibt es sogar Kinder, die auf der Straße leben.</u> *b)* <u>Sie werden Straßenkinder genannt.</u> Sie können nicht zur Schule gehen, um etwas zu lernen.

(72 Wörter)

1. Lies den Text genau.
2. Lies die Fragen genau und unterstreiche den Hinweissatz im Text.
   a) Wie nennt man Menschen ohne festen Wohnsitz? Unterstreiche gelb.
   b) Wie nennt man Kinder, die auf der Straße leben? Unterstreiche rot.
   c) Wo gibt es Kinder, die auf der Straße leben? Unterstreiche braun.
3. Schreibe die Hinweissätze aus dem Text richtig in dein Heft ab.
4. Ordne die Namenwörter (Nomen) richtig ein: *Menschen, Jahr, Straße, Tag, Nacht.*

Einzahl mit Begleiter (Artikel)	Mehrzahl mit Begleiter (Artikel)
der Mensch	die Menschen
das Jahr	die Jahre
die Straße	die Straßen
der Tag	die Tage
die Nacht	die Nächte

5. Unterstreiche im Satz alle 4 Tunwörter (Verben) rot und fülle die Tabelle aus. 
   Straßenkinder <u>leben</u> auf der Straße und <u>können</u> nicht zur Schule <u>gehen</u>, um etwas zu <u>lernen</u>.

Wir-Form	Grundform	Ich-Form	Du-Form	Er-Form
wir leben	leben	ich lebe	du lebst	er lebt
wir können	können	ich kann	du kannst	er kann
wir gehen	gehen	ich gehe	du gehst	er geht
wir lernen	lernen	ich lerne	du lernst	er lernt

Zusatzaufgabe
* Überlege: Was fehlt den Menschen auf der Straße sicher am meisten?

Menschen ohne festen Wohnsitz (3)

Es gibt Menschen, die leben das ganze Jahr über auf der Straße. *a)* <u>Sie sind obdachlos.</u> Sie verbringen dort Tag und Nacht im warmen Sommer, aber auch im kalten Winter. Viele von ihnen haben keinen Kontakt mehr zu ihren Familien und keine Arbeit. *c)* <u>In ärmeren Ländern gibt es sogar Kinder, die auf der Straße leben.</u> *b)* <u>Sie werden Straßenkinder genannt.</u> *d)* <u>Sie können nicht zur Schule gehen, um etwas zu lernen.</u>

(72 Wörter)

1. Lies den Text genau.
2. Lies die Fragen genau und unterstreiche den Hinweissatz im Text.
   a) Wie nennt man Menschen ohne festen Wohnsitz? Unterstreiche gelb.
   b) Wie nennt man Kinder, die auf der Straße leben? Unterstreiche rot.
   c) Wo gibt es Kinder, die auf der Straße leben? Unterstreiche braun.
   d) Was unterscheidet diese Kinder von dir? Unterstreiche grün.
3. Schreibe die Hinweissätze aus dem Text richtig in dein Heft ab.
4. Ordne die Namenwörter (Nomen) richtig ein: *Menschen, Jahr, Straße, Tag, Nacht, Familien.*

Einzahl mit Begleiter (Artikel)	Mehrzahl mit Begleiter (Artikel)
der Mensch	die Menschen
das Jahr	die Jahre
die Straße	die Straßen
der Tag	die Tage
die Nacht	die Nächte
die Familie	die Familien

5. Unterstreiche in den Sätzen alle 5 Tunwörter (Verben) rot und fülle die Tabelle aus. 
   In ärmeren Ländern <u>leben</u> sogar Kinder auf der Straße. Sie <u>können</u> nicht zur Schule <u>gehen</u>, um etwas zu <u>lernen</u>. Man <u>nennt</u> sie Straßenkinder.

Wir-Form	Grundform	Ich-Form	Du-Form	Er-Form
wir leben	leben	ich lebe	du lebst	er lebt
wir können	können	ich kann	du kannst	er kann
wir gehen	gehen	ich gehe	du gehst	er geht
wir lernen	lernen	ich lerne	du lernst	er lernt
wir nennen	nennen	ich nenne	du nennst	er nennt

Zusatzaufgabe
* Überlege: Was fehlt den Menschen auf der Straße sicher am meisten?

Sankt Martin

Sankt Martin (1)

a) <u>Am Martinstag gehen viele Kinder mit bunten Laternen durch die Straßen.</u> An diesem Tag denken wir an Sankt Martin. In einer kalten Nacht ritt er mit seinem Pferd durch die Straßen und sah einen armen Bettler. *b)* <u>Martin teilte seinen warmen Mantel mit dem Bettler.</u> *c)* <u>Heute macht man oft ein großes Martinsfeuer.</u> Es ist warm und hell.

(58 Wörter)

1. Lies den Text genau.
2. Lies die Fragen genau und unterstreiche den Hinweissatz im Text.
   a) Was machen die Kinder am Martinstag? Unterstreiche rot.
   b) Was machte Martin, als er den Bettler sah? Unterstreiche grün.
   c) Was wärmt uns heute beim Martinsumzug? Unterstreiche gelb. 
3. Schreibe die Hinweissätze aus dem Text richtig in dein Heft ab.
4. Ordne die Namenwörter (Nomen) ein: *Nacht, Martinstag, Laternen, Bettler, Pferd, Mantel.*

1 Silbe	2 Silben	3 Silben
Nacht	Bettler	Martinstag
Pferd	Mantel	Laternen

5. Unterstreiche alle 3 Tunwörter (Verben) in den Sätzen rot und trage sie in die Tabelle ein.
   Am Martinstag <u>gehen</u> viele Kinder mit bunten Laternen durch die Straßen. An diesem Tag <u>denken</u> wir an Sankt Martin. Heute <u>macht</u> man oft ein großes Martinsfeuer.

Tunwort (Verb)	Grundform	Tunwort (Verb)
wir gehen	gehen	er geht
wir denken	denken	er denkt
wir machen	machen	er macht

6. Finde das zusammengesetzte Namenwort (Nomen).
   Ein **Umzug** für **Martin** ist ein ___Martinsumzug.___

Zusatzaufgabe
* Male St. Martin auf seinem Pferd.

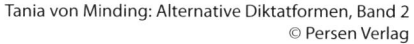

Sankt Martin (2)

a) <u>Am Martinstag ziehen viele Kinder mit bunten Laternen durch die Straßen und singen Martinslieder.</u> *b)* <u>Dies nennt man den Martinsumzug.</u> An diesem Tag denken wir an Sankt Martin. In einer kalten Nacht ritt er mit seinem Pferd durch die Straßen und sah einen armen Bettler. *c)* <u>Martin teilte seinen warmen Mantel mit dem Bettler.</u> *d)* <u>Heute wird oft ein großes Martinsfeuer angezündet.</u> Es ist warm und hell.

(66 Wörter)

1. Lies den Text genau.
2. Lies die Fragen genau und unterstreiche den Hinweissatz im Text.
   a) Was machen die Kinder am Martinstag? Unterstreiche rot.
   b) Wie nennt man diesen Brauch? Unterstreiche blau.
   c) Was machte Martin, als er den Bettler sah? Unterstreiche grün.
   d) Was wärmt uns heute beim Martinsumzug? Unterstreiche gelb. 
3. Schreibe die Hinweissätze aus dem Text richtig in dein Heft ab.
4. Ordne die Namenwörter (Nomen) ein: *Nacht, Martinstag, Laternen, Straßen, Bettler, Pferd, Mantel, Tag.*

1 Silbe	2 Silben	3 Silben
Nacht	Straßen	Martinstag
Pferd	Bettler	Laternen
Tag	Mantel	

5. Unterstreiche alle 3 Tunwörter (Verben) in den Sätzen rot und fülle die Tabelle aus.
   In einer kalten Nacht <u>ritt</u> Martin mit seinem Pferd durch die Straßen und <u>sah</u> einen armen Bettler. Martin <u>teilte</u> seinen warmen Mantel mit dem Bettler.

Vergangenheit	Vergangenheit	Grundform	Gegenwart	Gegenwart
er ritt	wir ritten	reiten	er reitet	wir reiten
er sah	wir sahen	sehen	er sieht	wir sehen
er teilte	wir teilten	teilen	er teilt	wir teilen

6. Finde das zusammengesetzte Namenwort (Nomen).
   Die **Nacht**, in der wir an **Martin** denken, ist die ___Martinsnacht.___

Zusatzaufgaben
* Erkundige dich, wann bei dir der Martinsumzug ist.
* Welche Martinslieder kennst du?
* Male St. Martin auf seinem Pferd.

Lösungen

Sankt Martin

Sankt Martin (3)

a) Am Martinstag ziehen viele Kinder mit bunten Laternen durch die Straßen. b) Dies nennt man den Martinsumzug. Sie singen Martinslieder.
c) Meist reitet auf einem schönen Pferd ein Mann, der als Sankt Martin verkleidet ist. An diesem Tag denken wir an Sankt Martin. In einer kalten Nacht ritt er mit seinem Pferd durch die Straßen und sah einen armen Bettler. d) Martin teilte seinen warmen Mantel mit dem Bettler.
e) Heute wird oft ein großes Martinsfeuer angezündet. Es ist warm und hell.

(80 Wörter)

1. Lies den Text genau.
2. Lies die Fragen genau und unterstreiche den Hinweissatz im Text.
   a) Was machen die Kinder am Martinstag? Unterstreiche rot.
   b) Wie nennt man diesen Brauch? Unterstreiche blau.
   c) Wer begleitet den Martinsumzug? Unterstreiche grün.
   d) Was machte Martin, als er den Bettler sah? Unterstreiche schwarz.
   e) Was wärmt uns heute beim Martinsumzug? Unterstreiche gelb.
3. Schreibe die Hinweissätze aus dem Text richtig in dein Heft ab.
4. Ordne Namenwörter (Nomen) aus dem Text in die Tabelle ein.

1 Silbe	2 Silben	3 Silben
Pferd	Bettler	Martinstag
Nacht	Mantel	Laternen

5. Schreibe die Namenwörter (Nomen) aus der Tabelle in Silben zerlegt auf: **Kin-der.**
6. Unterstreiche alle 3 Tunwörter (Verben) in den Sätzen rot und fülle die Tabelle aus.
   In einer kalten Nacht ritt Martin mit seinem Pferd durch die Straßen und sah einen armen Bettler. Martin teilte seinen warmen Mantel mit dem Bettler.

Vergangenheit	Vergangenheit	Grundform	Gegenwart	Gegenwart
er ritt	wir ritten	reiten	er reitet	wir reiten
er sah	wir sahen	sehen	er sieht	wir sehen
er teilte	wir teilten	teilen	er teilt	wir teilen

6. Finde das zusammengesetzte Namenwort (Nomen).
   Die Nacht, in der wir an Martin denken, ist die **Martinsnacht.**
   Die Laternen für Martin sind **Martinslaternen.**

Zusatzaufgaben
* Erkundige dich, wann bei dir der Martinsumzug ist.
* Welche Martinslieder kennst du?
* Male St. Martin auf seinem Pferd.

Marienkäfer

Marienkäfer (3)

Marienkäfer sind <u>Klein</u> und hübsch anzusehen.

<u>sie</u> haben einen roten Körper mit schwarzen Punkten darauf.

Bei den <u>menschen</u> gelten sie als Glücksbringer.

Deswegen werden sie auch <u>Glücks Käfer</u> genannt.

Marienkäfer findest du vor allem auf <u>wiesen</u> und in Gärten.

Es gibt verschiedene Arten <u>fon</u> Marienkäfern.

Sie haben alle einen <u>Runden</u> kugelförmigen Körper.

Marienkäfer ernähren sich von Insekten und <u>Blattleusen.</u>

Marienkäfer werden höchstens <u>Drei</u> Jahre alt.

Sie erleben in ihrem kurzen Leben nur dreimal einen <u>Somer.</u>

(76 Wörter)

1. Lies den Text.
2. Max hat einen Text über Marienkäfer verfasst. Beim Kontrollieren hat seine Lehrerin in jedem Satz noch einen Fehler entdeckt. Hilf ihm und unterstreiche die 10 Fehlerwörter grün.
3. Schreibe die Wörter richtig über den Text
4. Aus Fehlern kannst du lernen. Untersuche die Fehler von Max und erkläre die richtige Schreibweise.

Tabelle		
Fehler	Erklärung	Fehlerart/Übung
1		

5. Übe mit den Fehlerwörtern sinnvoll weiter. Suche Max die richtigen Übungen „So verbessere ich meine Rechtschreibfehler" heraus.

Hausaufgabenhexerei

Hausaufgabenhexerei (3)

| Axel machte fix seine <u>Haus Aufgaben.</u>

| <u>das</u> war wohl nix, sprach seine Mutter da.

| Verflixt noch mal, dachte der <u>Kleine</u> Junge.

Was für ein Mix an Hausaufgaben.

Die bringen doch nix.

Warum kann ich nicht hexen?

Mathe und Deutsch in einen Mixer stecken, aufs Knöpfchen drücken und

| hex, hex in null Komma nix <u>komen</u> die fertigen Hausaufgaben heraus.

| Das wäre prima, dachte der <u>junge</u> noch, während er die Hausaufgaben

| wiederholt abschrieb und sein <u>Freunt</u> Max geduldig auf ihn wartete.

(80 Wörter)

1. Lies die Geschichte.
2. Die Mutter hat noch 6 Fehler in Axels Hausaufgaben entdeckt und sie am Rande markiert. Hilf ihm und unterstreiche die 6 Fehlerwörter grün.
3. Schreibe die Wörter richtig über den Text.
4. Aus Fehlern kannst du lernen. Untersuche die Fehler von Axel und erkläre die richtige Schreibweise.

Tabelle		
Fehler	Erklärung	Fehlerart/Übung
1		

5. Übe mit den Fehlerwörtern sinnvoll weiter. Suche Axel die richtigen Übungen „So verbessere ich meine Rechtschreibfehler" heraus.

Zusatzaufgaben
* Kennst du noch mehr X-Wörter? Schreibe sie auf.
* Erfinde eine X-Geschichte mit den Wörtern.

Sonntagsausflug in die Stadt

Sonntagsausflug in die Stadt (3)

Komm, ich zeig dir, wo die Menschen

| wohnen, sprach der Erpel zu seiner <u>frau.</u>

| Es war ein <u>Warmer</u> Sonntagmorgen, und so machten sich die beiden Enten

| auf den Weg durch die grauen Straßen der <u>Großen</u> Stadt.

|| unbekümmert watschelten sie <u>miten</u> auf der großen Hauptstraße und gaben

| an diesem Morgen das <u>tempo</u> an.

| Sie ließen sich <u>nich</u> von den hupenden Autos aus der Ruhe bringen.

| Verwundert blieben die <u>Auto Fahrer</u> stehen und beobachteten lächelnd

das verliebte Entenpärchen.

|| Und für einen Moment schien die <u>Zeid</u> still zu stehen und das <u>herz</u> der Menschen

füllte sich mit Wärme und Liebe.

(101 Wörter)

1. Lies die Geschichte.
2. Andrea hat eine schöne Entengeschichte geschrieben. Beim Kontrollieren hat ihre Lehrerin noch 10 Fehler entdeckt. Hilf Andrea und unterstreiche die Fehlerwörter grün.
3. Schreibe die Wörter richtig über den Text.
4. Aus Fehlern kannst du lernen. Untersuche die Fehler von Andrea und erkläre die richtige Schreibweise.

Tabelle		
Fehler	Erklärung	Fehlerart/Übung
1		

5. Übe mit den Fehlerwörtern sinnvoll weiter. Suche Andrea die richtigen Übungen „So verbessere ich meine Rechtschreibfehler" heraus.

Zusatzaufgabe
* Schreibe weiter: Was erleben die beiden Enten auf ihrem Ausflug in die Stadt?

Tania von Minding: Alternative Diktatformen, Band 2
© Persen Verlag

Lösungen

Winterblumen

Winterblumen (3)

| Auch im <u>winter</u> gibt es Blumen, die sich

gegen die Kälte durchsetzen und erblühen.

| Sicher hast du schon einmal die kleinen <u>Weißen</u> Schneeglöckchen gesehen.

| Sie wachsen im Garten oder auch im <u>Walt</u> und auf Wiesen.

| Die Blüte <u>Sieht</u> aus wie ein kleines Glöckchen.

Schneeglöckchen strecken ihre Köpfchen durch die Schneedecke und

| blühen somit <u>miten</u> im Winter.

| Die ersten Schneeglöckchen <u>findesd</u> du meist schon im Januar oder Februar bei uns.

| Halte auf deinem <u>Schul Weg</u> Ausschau nach ihnen.

| Aber Achtung, denn Schneeglöckchen sind <u>Giftig</u>.

(84 Wörter)

1. Lies den Text.
2. Petra hat einen Text über Winterblumen verfasst. Beim Kontrollieren hat ihre Lehrerin noch Fehler entdeckt. Hilf Petra und unterstreiche die 8 Fehlerwörter grün.
3. Schreibe die Wörter richtig über den Text.
4. Aus Fehlern kannst du lernen. Untersuche die Fehler von Petra und erkläre die richtige Schreibweise.

Tabelle		
Fehler	Erklärung	Fehlerart/Übung
1		

5. Übe mit den Fehlerwörtern sinnvoll weiter. Suche Petra die richtigen Übungen „So verbessere ich meine Rechtschreibfehler" heraus.

Zusatzaufgaben
* Informiere dich über andere Winterblumen.
* Zeichne ein Schneeglöckchen.

Die kleinen Schneeflocken

die kleinen Schneeflocken (3)

| Die kleinen Schneeflocken sitzen in den <u>wolken</u>

| und sehen hinab auf die <u>erde</u>.

| Es sieht so trostlos aus. Alle <u>straßen</u> sind grau.

| Die <u>Beume</u> sind kahl und farblos.

| Das <u>wolen</u> wir ändern, denken sie.

| Und eines nachts, als alles schläft, fallen sie <u>Leise</u> zur Erde hinab.

| Sie legen sich dicht zusammen auf die Äste der Bäume, auf die Dächer der <u>Heuser</u>,

auf die Straßen und Wege und auf die Autos.

| Am nächsten Morgen freuen sich die Menschen über die <u>Weiße</u> Welt.

Die Augen von Desiree und Leon beginnen zu strahlen,

| denn in dieser <u>nacht</u> hat es geschneit.

(100 Wörter)

1. Lies die Geschichte.
2. Lena hat eine schöne Wintergeschichte geschrieben. Beim Kontrollieren hat ihr Freund Tim noch 10 Fehler entdeckt. Hilf Lena und unterstreiche die 10 Fehlerwörter grün.
3. Schreibe die Wörter richtig über den Text.
4. Aus Fehlern kannst du lernen. Untersuche die Fehler von Lena und erkläre die richtige Schreibweise.

Tabelle		
Fehler	Erklärung	Fehlerart/Übung
1		

5. Übe mit den Fehlerwörtern sinnvoll weiter. Suche Lena die richtigen Übungen „So verbessere ich meine Rechtschreibfehler" heraus.

Zusatzaufgaben
* Schreibe weiter: Was bedecken die kleinen Schneeflocken noch alles in dieser Nacht der Träume und Wünsche?

Das Licht

Das Licht (3)

| <u>inzwischen</u> ist es Winter geworden.

Draußen wird es früh dunkel, und die Menschen

| leben zurückgezogen in ihren warmen <u>Heusern</u>.

| Nur ein kleiner <u>funke</u> hat noch kein Zuhause gefunden.

| Er springt durch die leeren Straßen, bis er auf einmal unter einer <u>brücke</u>

|| stehen bleibt. Dort <u>sitz</u> ein alter Mann. Vor ihm steht eine <u>Kleine</u> Kerze.

| Da springt der Funke zum <u>Kerzen Docht</u> und bringt die Kerze zum Leuchten.

Heute Nacht bleibe ich bei dir, um dich zu wärmen, spricht der Funke

| zum <u>Alten</u> Mann und leistet ihm Gesellschaft.

(89 Wörter)

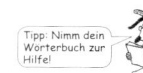

1. Lies die Geschichte.
2. Leon hat die Geschichte für seinen Opa abgeschrieben. Beim Kontrollieren hat seine Mutter in jedem Satz noch einen Fehler entdeckt. Hilf Leon. Unterstreiche die 8 Fehlerwörter grün.
3. Schreibe die Wörter richtig über den Text.
4. Aus Fehlern kannst du lernen. Untersuche die Fehler von Leon und erkläre die richtige Schreibweise.

Tabelle		
Fehler	Erklärung	Fehlerart/Übung
1		

5. Übe mit den Fehlerwörtern sinnvoll weiter. Suche Leon die richtigen Übungen „So verbessere ich meine Rechtschreibfehler" heraus.

Zusatzaufgaben
* Überlege: Was möchte Leon seinem Opa mit dieser Geschichte sagen?
* Male ein passendes Bild zur Geschichte für Leons Opa.

Weihnachten in anderen Ländern

Weihnachten in anderen Ländern (3)

Weihnachten wird in vielen Ländern unterschiedlich gefeiert.

| In Frankreich trifft sich die ganze Familie am <u>Weihnachts Abend</u>

| zu einem großen Festessen. Erst am nächsten <u>morgen</u>

| findet die Bescherung statt. Die <u>geschenke</u> bringt

„Père Noël" durch den Kamin. Auch in England kommt

| der Weihnachtsmann durch den Schornstein. Er <u>versteckd</u> seine Geschenke

| in den Strümpfen, die über dem Kamin hängen. In Italien <u>stehd</u> in jedem Haus

| eine Weihnachtskrippe. Sie ist dort wichtiger als der <u>Weihnachts Baum</u>.

|| In Spanien <u>trefen</u> sich die Menschen nach der Mitternachtsmesse auf dem <u>Dorf Platz</u>.

| Dann <u>finded</u> ein Weihnachtsumzug statt.

In Griechenland gehen die Kinder am Weihnachtsabend von Haus zu Haus

und singen Weihnachtslieder.

| Dafür <u>bekomen</u> sie Feigen, Rosinen und Plätzchen.

(117 Wörter)

1. Lies den Text.
2. Katja und Maike haben sich erkundigt, wie Weihnachten in anderen Ländern gefeiert wird. Beim Lesen hat ihre große Schwester noch 10 Fehler entdeckt und sie am Rand markiert. Hilf den Geschwistern. Unterstreiche die 10 Fehlerwörter grün.
3. Schreibe die Wörter richtig über den Text.
4. Aus Fehlern kannst du lernen. Untersuche die Fehler von Katja und Maike und erkläre die richtige Schreibweise.

Tabelle		
Fehler	Erklärung	Fehlerart/Übung
1		

5. Übe mit den Fehlerwörtern sinnvoll weiter. Suche Katja und Maike die richtigen Übungen „So verbessere ich meine Rechtschreibfehler" heraus.

Zusatzaufgaben
* Inzwischen sind die Geschwister groß und leben mit ihren Familien in Australien und Neuseeland. Erkundige dich, wie in diesen Ländern Weihnachten gefeiert wird.

Lösungen

Der dankbare Riese

Der dankbare Riese (3)

| Im <u>Walt</u> sitzt schon seit langer Zeit ein Riese.
| An einen Baumstamm gelehnt <u>sitz</u> er müde und traurig
| auf dem weichen Waldboden. Er hat keinen <u>Freunt</u>.
  Jeder fürchtet sich vor ihm wegen seiner Größe und seines Aussehens.
| Eines Tages kommt ein <u>Kleiner</u> Vogel geflogen.
  Und da er den Riesen nicht erkennt, setzt er sich
| direkt auf dessen breites <u>knie</u>. Er denkt, er säße
|| auf einem <u>Baum Stamm</u>. Fröhlich <u>Pfeift</u> der kleine Spatz vor sich hin.
| Verwundert blickt der Riese auf den <u>Mutigen</u> kleinen Freund.
| Zunächst will er ihn packen. Aber <u>dan</u> rührt ihn der Mut des kleinen Vogels an.
  Er ist der Erste, der sich so nah an ihn herantraut.
| Ruhig bleibt der <u>riese</u> sitzen und lauscht freudig dem Vogelgesang.
| Seit diesem <u>tag</u> fliegt der Vogel regelmäßig zum Riesen und leistet ihm Gesellschaft.
| Die beiden werden <u>Dicke</u> Freunde und der Riese fühlt sich nicht mehr alleine.

(117 Wörter)

1. Lies die Geschichte.
2. Desiree hat eine Geschichte für ihre Oma geschrieben. Beim Kontrollieren hat Papa Percy noch 12 Fehler entdeckt und sie am Rand markiert. Hilf Desiree und unterstreiche die Fehlerwörter grün.
3. Schreibe die Wörter richtig über den Text.
4. Aus Fehlern kannst du lernen. Untersuche die Fehler von Desiree und erkläre die richtige Schreibweise.

> Tipp: Nimm dein Wörterbuch zur Hilfe!

Tabelle		
Fehler	Erklärung	Fehlerart/Übung
1		

5. Übe mit den Fehlerwörtern sinnvoll weiter. Suche Desiree die richtigen Übungen „So verbessere ich meine Rechtschreibfehler" heraus.

Zusatzaufgabe
* Male ein Bild zur Geschichte für Desirees Oma.

Das Seeungeheuer im Rhein

das Seeungeheuer im Rhein (3)

| Da war es wieder. Er sah es ganz deutlich.
| Immer wieder kam es aus den <u>Welen</u> hervor,
  um gleich darauf wieder unterzutauchen.
| Nils blickte angespannt auf das <u>Waser</u> des großen breiten
| Flusses, der durch seine Stadt führte. <u>Imer</u> wieder sprachen die Leute
  von angeblichen Rheinungeheuern. Doch diesmal war er sich ganz sicher,
  selbst eines entdeckt zu haben. Wie angewurzelt blieb er stehen.
| Da tauchte es wieder auf. Ein <u>Langer</u> brauner Hals. Ein schmaler Kopf mit breitem
| gefährlichen <u>Munt</u> schwamm genau auf das große Frachtschiff zu.
  Eine hohe Welle umspülte die Gestalt im Wasser.
| Das <u>Schif</u> fuhr weiter, als sei nichts geschehen. Doch wo war das Ungetüm?
| Da sah Nils am Ende des Schiffes zwei dicke Äste im Wasser <u>schwimen</u>.
| Es waren der <u>kopf</u> und der Hals seines Seeungeheuers.
| <u>und</u> Nils begriff, dass Dinge manchmal nicht das sind, als was sie uns auf
  den ersten Blick erscheinen.

(150 Wörter)

1. Lies die Geschichte.
2. Nils hat seine Geschichte aufgeschrieben. Beim Kontrollieren hat seine Lehrerin noch 10 Fehler entdeckt. Hilf ihm. Unterstreiche die Fehlerwörter grün.
3. Schreibe die Wörter richtig über den Text.
4. Aus Fehlern kannst du lernen. Untersuche die Fehler von Nils und erkläre die richtige Schreibweise.

> Tipp: Nimm dein Wörterbuch zur Hilfe!

Tabelle		
Fehler	Erklärung	Fehlerart/Übung
1		

5. Übe mit den Fehlerwörtern sinnvoll weiter. Suche Nils die richtigen Übungen „So verbessere ich meine Rechtschreibfehler" heraus.

Zusatzaufgabe
* Male das Seeungeheuer.

Wort des Tages

Rechtschreibdetektive sind den Wörtern auf der Spur

Silben: 2
ge-hen

Wort des Tages
gehen

*Satz:
Ich gehe zur Schule

*verwandte Wörter:
rausgehen
Gehweg

Wortart:
○ Namenwort (Nomen)
✗ Tunwort (Verb)
○ Wiewort (Adjektiv)

ich _gehe_
du _gehst_
er _geht_
wir _gehen_

Tania von Minding: Alternative Diktatformen, Band 2
© Persen Verlag

Tolle Ideen für Ihren Deutschunterricht!

Tania von Minding
Alternative Diktatformen
Band 1, 1./2. Klasse:
Abschrift und Wörterbucharbeit
Band 1, 3./4. Klasse:
Abschrift und Wörterbucharbeit
Band 2, 3./4. Klasse:
Rechtschreibarbeit und kommentiertes Diktat

Endlich Alternativen zum klassischen Diktat! Ziel der alternativen Diktatformen ist es, Kinder zum Erforschen von Rechtschreibung, zum Nachdenken über Wortstrukturen und zum Anwenden von Rechtschreibstrategien anzuregen. Dafür bieten Ihnen die Bände vielfältige Materialien zu Übungszwecken und für Lernzielkontrollen im Unterricht. Die Vernetzung der Aufgabenbereiche richtet sich nach den Bildungsstandards Deutsch für die Primarstufe. Bildhafte Darstellungen helfen den Schülerinnen und Schülern, Rechtschreibstrukturen zu verinnerlichen. Mit Rechtschreibportfolio.

Aus dem Inhalt:
Band 1, 1./2. Klasse: Interessante Texte: Sachtexte über Tiere, Kinderbuchfiguren und die Jahreszeiten; Rechtschreibschwerpunkt: Großschreibung, doppelter Mitlaut; Grundlegende Arbeitstechniken: Richtiges Abschreiben, Kontrollieren mit dem Wörterbuch, Wortfamilien
Band 1, 3./4. Klasse: Plan zum Üben der Lernwörter, Schrittfolge des Abschreibens von Texten, Tipps zum Nachschlagen im Wörterbuch, Ein Verben-Baum
Band 2, 3./4. Klasse: Rechtschreibstrategien verbalisieren, Bewertungsschema, das Rechtschreibhaus
Rechtschreibung und Arbeitstechniken einüben, kontrollieren und bewerten!

Band 1, Buch, 100 Seiten DIN A4
1. und 2. Klasse
Best.-Nr. 3283

Band 1, Buch, 120 Seiten DIN A4
3. und 4. Klasse
Best.-Nr. 3388

Band 2, Buch, 112 Seiten DIN A4
3. und 4. Klasse
Best.-Nr. 3387

Ursula Lassert
Wir üben Diktate
12 Übungsdiktate mit spannenden Themen

Hier können Ihre Schüler/-innen eine geheimnisvolle Burg entdecken und gleichzeitig die Rechtschreibung üben! Die Blätter der drei Mappen bieten zahlreiche fantasievolle Übungen zum (Grund-)Wortschatz und zur Arbeit mit Wörterlisten. Aus den Diktaten mit altersgerechten Themen werden Lernwörter isoliert, die dann wiederum in methodisch vielfältige Aufgaben gezielt geübt werden können: Lückentexte ergänzen, Rätsel zu den Übungstexten lösen oder Reimwörter zu den Lernwörtern finden u. v. m. außerdem wird das Suchen in Wörterlisten trainiert, wodurch die Kinder an den Gebrauch von Wörterbüchern herangeführt werden.
Richtig Schreiben lernen mit Spaß und System!

Mappen mit Kopiervorlagen,
je 62 Seiten, DIN A4

2. Klasse, Best.-Nr. 2243
3. Klasse, Best.-Nr. 2244
4. Klasse, Best.-Nr. 2245

Karl-Walter Kohrs
Groß oder Klein?
Rechtschreibung in der Grundschule

Mit den differenzierten und abwechselungsreichen Materialien erwerben die Kinder Rechtschreibstrategien zur Groß- und Kleinschreibung, die ihnen mehr Sicherheit geben. Die Lückentexte und Tests am Ende einer Einheit erleichtern Ihnen die gezielte Lernkontrolle.
So werden Ihre Schüler zu Profis in der Groß- und Kleinschreibung!

Buch, 60 Seiten DIN A4
Ab 2. Klasse
Best.-Nr. 3695

Unser Bestellservice:

Das komplette Verlagsprogramm finden Sie in unserem Online-Shop unter

www.persen.de

Bei Fragen hilft Ihnen unser Kundenservice gerne weiter.

Deutschland: 0 41 61/7 49 60-40 · Schweiz: 052/366 53 54 · Österreich: 0 72 30/2 00 11

Kinder gezielt fördern!

Heinz Dammeyer
Bergedorfer Test zur Buchstabenkenntnis

Mit Fördermaterial

Der Band bietet umfassendes Testmaterial zur Überprüfung der Buchstabensicherheit in der Druck- und Schreibschrift sowie Arbeitsblätter zur systematischen Förderung der Kinder. Alle Materialien wurden erfolgreich in der Schulpraxis erprobt und sind ohne großen Zeitaufwand im Unterricht an Grund- und Förderschulen einsetzbar.
Für einen frühzeitigen und schnellen Überblick über die Buchstabensicherheit Ihrer Schüler/-innen!

Buch, 70 Seiten, DIN A4
Ab 1. Klasse
Best.-Nr. 3502

Holger Probst
Testaufgaben zum Einstieg in die Schriftsprache

Karten und Kopiervorlagen zur Diagnostik

Wie kann man feststellen, ob ein Kind auf dem Weg zur Schrift ist? Mit wissenschaftlich fundierten und praxistauglichen Testaufgaben und Fragestellungen hilft dieser Band bei der Beantwortung der Frage. Bewährte Aufgabenstellungen bieten die Möglichkeit, vor und bei Schuleintritt die phonologische und linguistische Bereitschaft des Kindes für den Lese-Schreiblehrgang festzustellen.
Eine echte Unterstützung für alle, die Kinder auf dem Weg zur Schrift begleiten!

Buch, 52 Seiten inkl. 4 Testvorlagen, DIN A4
1. Klasse
Best.-Nr. 3873

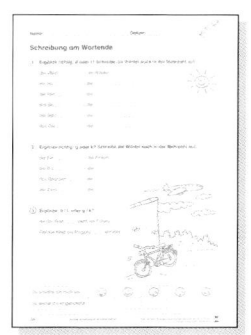

Inge Schmidtke
Kompetenztests für den Deutschunterricht

Lesen – Rechtschreiben – Sprache reflektieren

Bildungsstandards, Kompetenzstufen, Lehrplanvorgaben – mit diesen schriftlichen Arbeiten bringen Sie alles unter einen Hut und wissen genau, wo Ihre Kinder beim Erwerb grundlegenden Wissens und Könnens stehen. Die Tests decken alle Bereiche des Deutschunterrichts ab: Lesen und Umgang mit Texten, Rechtschreiben, Sprache untersuchen und Sprachgebrauch. Vorschläge für Vergleichsarbeiten ergänzen das Angebot. Bei den Arbeiten zur Selbsteinschätzung können die Kinder selbst testen, ob sie auf die jeweilige Kontrolle gut vorbereitet sind oder noch Übungsbedarf besteht. Das Angebot an schriftlichen Arbeiten ist vielfältig, sodass Sie je nach Klassensituation eine Auswahl treffen können.
So einfach und sicher kann Leistungsermittlung sein!

Band 1
Buch, 108 Seiten, DIN A4
3. und 4. Klasse
Best.-Nr. 3799

Band 2
Buch, ca. 100 Seiten, DIN A4
2. Klasse
Best.-Nr. 3789

Katharina Müller-Wagner, Katja Hönisch-Krieg, Beate Bosse
Buchstabenwerkstatt

Lese- und Schreiblehrgang zur Einführung des Alphabets

Ein wahres Vergnügen für kleine Abc-Schützen! Der Lehrgang besteht aus dem Grundband mit speziell entwickelter Anlauttabelle, Geschichten und Arbeitsblättern zur Einführung aller Buchstaben sowie drei Materialbänden. Das weiterführende Arbeits- und Übungsmaterial für jeden Buchstaben erleichtert Ihnen die systematische Festigung des Lehrstoffs. Selbsttätigkeit und Handlungsorientierung werden hierbei groß geschrieben!
Der komplette Buchstabenlehrgang!

Grundband
Buch, 156 Seiten, DIN A4
1. und 2. Klasse
Best.-Nr. 3840

Materialband 1
Buch, 130 Seiten, DIN A4
1. und 2. Klasse
Best.-Nr. 3841

Materialband 2
Buch, 130 Seiten, DIN A4
3. und 4. Klasse
Best.-Nr. 3842

Materialband 3
Buch, 148 Seiten, DIN A4
1. und 2. Klasse
Best.-Nr. 3843

Unser Bestellservice:

Das komplette Verlagsprogramm finden Sie in unserem Online-Shop unter

www.persen.de

Bei Fragen hilft Ihnen unser Kundenservice gerne weiter.

Deutschland: 0 41 61/7 49 60-40 · Schweiz: 052/366 53 54 · Österreich: 0 72 30/2 00 11